e_librosdeteruel

10

Francisco Moya

Un escultor al servicio episcopal en el Teruel del siglo XVIII

JUAN CARLOS CALVO ASENSIO

Instituto de Estudios Turolenses
Teruel, 2024

EDITA
Instituto de Estudios Turolenses

COLABORA
Cátedra Gonzalo Borrás

TEXTO
Juan Carlos Calvo Asensio

DISEÑO GRÁFICO
Víctor Lahuerta

IMPRESIÓN
TerueliGráfica, SLU

ISBN
978-84-17999-57-5

DEPÓSITO LEGAL
TE 150-2024

Índice

Presentación

Este libro, titulado *Francisco Moya, un escultor al servicio episcopal en el Teruel del siglo XVIII*, recoge el Trabajo Fin de Máster en Estudios Avanzados en Historia del Arte de Juan Carlos Calvo Asensio, que tuve el placer de dirigir durante el curso 2018-2019. El autor, que destacó como un excelente alumno en sus estudios en la Universidad de Zaragoza, recibió el Premio Extraordinario de dicho Máster y su trabajo académico obtuvo la Mención de Excelencia de la Junta de la Facultad de Filosofía y Letras, reconocimientos al esfuerzo, calidad, cuidado y rigor que Juan Carlos pone en todo lo que lleva a cabo.

El texto que ahora se publica reviste un gran interés para la Historia del Arte aragonés. Este es debido, primero, a la importancia de la recuperación de una figura artística de primer nivel poco estudiada hasta la fecha que, como el lector podrá comprobar, es, sin duda, merecedora de una monografía. Se trata del escultor del siglo XVIII Francisco Moya, nacido en la localidad turolense de Jorcas que, tras trabajar para distintas parroquias de la provincia, desarrolló su producción más interesante en la ciudad de Teruel y entró al servicio del obispo Francisco Pérez de Prado, prelado de gusto refinado y muy bien relacionado. Es posible que este último vínculo y su elevada calidad profesional llevaran a Moya a acceder a la corte como escultor del rey e intentar ingresar –aunque sin fortuna– en la Real Academia de Bellas Artes de San Fernando de Madrid en 1753, solo un año después de su fundación.

Una exhaustiva búsqueda documental y bibliográfica ha permitido a Juan Carlos Calvo reunir todos los datos posibles para trazar la biografía del escultor y organizar cronológicamente su obra. Asimismo, el autor analiza con brillantez tanto sus programas iconográficos –de forma especial los ideados por el obispo Pérez de Prado– como las influencias italianas que el artista incorporó en sus retablos a partir del conocimiento del tratado del jesuita Andrea Pozzo, de los que el mueble principal de la iglesia de San Miguel de Teruel constituye un magnífico ejemplo.

A todo lo anterior debemos añadir que este trabajo contribuye a poner de relieve la riqueza artística de Teruel y su provincia que, aunque sufrió grandes pérdidas durante la contienda bélica de 1936, todavía mantiene importantes conjuntos patrimoniales y vestigios de gran interés. En este sentido, Calvo Asensio, tras revisar con paciencia y tenacidad los restos de esculturas y retablos conservados en los almacenes de la diócesis de Teruel-Albarracín, logró recomponer parte del retablo mayor de la desaparecida iglesia del antiguo colegio de la Compañía de Jesús de Teruel, una

Francisco Moya. Un escultor al servicio episcopal en el Teruel del siglo XVIII

8

de sus obras más impresionantes. Junto a ello, quiero destacar el minucioso estudio del armario para plata y joyas de la sacristía de la catedral de Santa María de Mediavilla confeccionado por Moya en 1743, delicioso mueble rococó con decoración chinesca que, a no dudar, sorprenderá al lector.

En definitiva, el libro que ahora presentamos contiene un estudio riguroso y bien estructurado, fundado en el análisis concienzudo de diversas fuentes documentales y bibliográficas que pone de manifiesto la trascendencia del arte de los siglos del Barroco en todo el territorio aragonés, periodo del que todavía queda mucho por investigar.

Rebeca Carretero Calvo

Profesora de Historia del Arte
Universidad de Zaragoza

Introducción

¿Por qué Francisco Moya?

A mediados del siglo pasado, cuando comenzó el éxodo rural, Teruel se vio inmerso en un lento pero irreversible proceso de aislamiento y abandono. Actualmente este problema parece no tener solución y es más sangrante que nunca. Los pueblos de toda la provincia se vacían y las gentes de su capital, sobre todo los jóvenes, se marchan. La despoblación avanza a paso firme anunciando la muerte de una tierra que vio crecer a abuelos y abuelas, padres y madres, hijos e hijas y que hoy solo les dice adiós. El patrimonio no se escapa de este negro porvenir y, de hecho, es uno de los grandes damnificados. El abandono, la ruina y el desconocimiento son los tres fantasmas que acechan al arte de Teruel como consecuencia de la emigración y el vaciamiento de sus comarcas, cosa que ya advirtió el historiador Santiago Sebastián en los años 60 y que sigue produciéndose:

> La riqueza artística de esta provincia se vio considerablemente mermada tras el azote bélico de la pasada guerra civil, siendo muchos los lugares que nos han llegado con los muros desnudos. Era necesaria esta labor de inventario para un mejor control de lo que resta, ya que las destrucciones y desapariciones siguen produciéndose al paso del tiempo. Me ha causado asombro no encontrar piezas que vi hace quince años o que conocía por las fotografías que realizó Segura hacia 1940. Pronto algunos de estos esbozos de planos quedarán como testimonio histórico de algunas iglesias o ermitas que ya encontré en estado ruinoso, situación que viene favorecida por el despoblamiento creciente[1].

Por eso es necesario estudiar «lo que resta» e intentar clarificar o ampliar las cuestiones histórico-artísticas de esta provincia. Es cierto que algunos periodos han gozado de mayor suerte que otros, como la época medieval, principalmente lo relacionado con la historia de la arquitectura y la cerámica mudéjar. Además, han sobresalido varios artífices que gozan de reputación en la historiografía del arte aragonés, por ejemplo, los renacentistas Gabriel Yoli y Pierres Vedel, o el modernista Pau Monguió. Sin embargo, otros nombres han quedado desdibujados en el tiempo, pese a que contribuyeron igualmente al devenir artístico del municipio. Ese es el caso de Francisco Moya, escultor del siglo XVIII, posiblemente natural de la villa de Jorcas, quien apoyado por destacadas

---

1   S. Sebastián, *Inventario artístico de Teruel y su provincia*, Madrid, Ministerio de Educación y Ciencia, 1974, p. 6.

personalidades de la vida religiosa del momento despuntó entre sus contemporáneos. Legó un corpus de obras relevante al que todavía no se le ha dedicado un estudio pormenorizado. Asimismo, algunos aspectos de su biografía aún no se han esclarecido: su periodo de formación y madurez, su estancia en la corte, su intento de acceder a la Real Academia de Bellas Artes de San Fernando, cómo participó de las ideas teológicas de su principal mecenas –el obispo Francisco Pérez de Prado–, cuáles de las obras que se le atribuyen son realmente suyas, el porqué de la elección de ciertos temas iconográficos muy planificados en el contexto de la religiosidad del siglo XVIII, sus raíces familiares, su descendencia o la fecha de su muerte.

Moya es uno de los pocos autores turolenses del Barroco que se pueden estudiar hoy de manera monográfica. Y decimos esto porque ha gozado de la suerte de que sus esculturas se hayan conservado, permitiéndonos trazar un periplo profesional coherente y dilatado. Esta tarea, que al lector le podría resultar del todo normal y que en la Historia del Arte debería ser lo habitual, es casi imposible entre la mayoría de sus coetáneos. ¿Por qué? A veces conocemos las vidas de los creadores en su parte oficial, la que nos muestra la documentación –matrimonio, hijos, propiedades, deudas, préstamos...–, pero imputarles una obra es una quimera. Cuando este ítem se manifiesta permite esclarecer las diversas facetas de una personalidad artística: modelos, estilemas, éxitos y fracasos, virtudes y defectos, grado de originalidad, etc. Si nunca se presenta, hecho absolutamente normal, incapacita que podamos definir las dos vertientes que debería tener una biografía de este tipo: el hombre y el artista.

Francisco Moya en la historiografía

Una de las cuestiones más atrayentes de la aproximación al barroco hispánico es disponer de descripciones de viajeros que vertieron abundantes opiniones sobre las artes de su tiempo o de la generación inmediatamente anterior a ellos. El caso de Teruel no es una excepción. Desde el siglo XVIII conocemos noticias literarias que permiten abrir una ventana en el tiempo y asomarnos a su imagen casi tres siglos atrás, vertida por quienes contemplaban su antigua riqueza monumental previa a la destrucción de la Guerra Civil. No obstante, estos teóricos trazan un panorama con el que se debe ser muy cuidadoso. En sus palabras se aprecia una valoración negativa hacia las artes de los siglos XVII y XVIII, un rechazo hacia el «emplasto» y la «extravagancia» barroca, estilo entonces llamado «moderno». Por eso, utilizan los términos «barroquismo» y «churrigueresco» como sinónimos de recargado o abigarrado con un sentimiento despreciativo, igual que sucedía a nivel europeo.

Francisco Moya, como representante de la escultura dieciochesca, no se libró de la vehemencia de estos veredictos. Pasados los años, fruto de la revalorización y revisión a la que se sometieron estas centurias, se emprendió el camino de la objetividad. Desde los años 50, pero sobre todo a partir de los 70 del siglo XX, y hasta nuestros días, se ha invertido tinta, papel, tiempo y esfuerzo en desmentir a quienes imbuidos por el gusto neoclásico se empeñaron en menospreciar el arte que les precedía.

La primera mención a la obra del escultor la encontramos en el *Viage de España* de Antonio Ponz (1785), cuando al describir el altar mayor de la catedral se refiere a la sustitución del antiguo tabernáculo por el nuevo ostensorio tallado por Moya. Ponz, por su visión académica de las artes, lo desprecia. Sugiere que ha sido un error «quitar el tabernáculo para poner en su lugar un mamarracho»[2]. Al valorar el retablo de la iglesia de la Compañía de Jesús –hoy del Seminario– utiliza de nuevo los mismos términos: «si tengo de decirle las barbaridades, de talla con que se afeó la Iglesia, altares, y todo lo demás, donde se trató de ornatos, y decoración, sería nunca acabar»[3]. Idéntico desprecio se halla, ya entrado el siglo XIX, en la *Historia de Teruel* de Cosme Blasco y Val al hablar de los interiores de los templos del municipio. De la iglesia de los jesuitas, por ejemplo, opina: «tiene una magnífica Iglesia de una nave con cruz latina, si bien aglomeradísimos y confusos los adornos y frescos»[4]. Similar es la opinión de José María Quadrado, a quien estas decoraciones le parecen «de menos gusto que opulencia»[5].

Coetáneamente lo localizamos mencionado erróneamente como «D. Francisco de Moyo» por Eugenio Llaguno y Juan Agustín Ceán Bermúdez. Afirman que, junto con el escultor José Corbinos, fue el maestro del arquitecto José Martín de Aldehuela[6]. Otto Schubert, ya en la primera década del siglo XX, retoma las informaciones de Llaguno y Ceán Bermúdez repitiendo el error en su apellido[7]. Sí lo menciona correctamente Domingo Gascón en la revista *Miscelánea Turolense*, en un diccionario de personajes ilustres[8], enmendando el error de haberlo llamado previamente «Francisco Mayo»[9].

Pascual Madoz es el primero en atribuirle una obra. Dice de él que tiene una escultura «excelente» en la ermita de San José del pueblo de Jorcas con el tema de «San José postrado en una cama»[10].

Más adelante, en el *Boletín de la Sociedad Española de Excursiones* se sucedieron otras atribuciones. En 1909 Enrique Serrano Fatigati, en un estudio de la escultura madrileña, documenta la entrega de un relieve con la representación de *La matanza de los inocentes* a la Real Academia de Bellas Artes de San Fernando en 1753[11], cuestión que no fue recuperada hasta los años 90. Luis Doporto Marchori, poco tiempo después, descubre un documento en un libro de fábrica de la seo turolense en el que aparece su nombre y la fecha de realización del ostensorio del retablo mayor,

2   A. Ponz, *Viage de España, en que se da noticia de las cosas mas apreciables, y dignas de saberse, que hay en ella*, Madrid, Joachin Ibarra, 1785, t. 13, pp. 100-101.

3   *Ibidem*, p. 114.

4   C. Blasco y Val, *Historia de Teruel*, Teruel, José Alpuente, 1870, p. 144.

5   J. M. Quadrado, *España: sus monumentos y artes, su naturaleza e historia*, Barcelona, Daniel Cortezo, 1884, t. 9, p. 624.

6   E. Llaguno y J. A. Ceán Bermúdez, *Noticias de los arquitectos y arquitectura de España desde su restauración*, Madrid, Imprenta Real, 1829, t. 4, p. 296.

7   O. Schubert, *Geschichte des barock in Spanien*, Esslingen am Neckar, Paul Neff, 1908, p. 375.

8   D. Gascón, «Lista por orden alfabético de algunos turolenses notables (I) (Continuación)», *Miscelánea Turolense*, 20-XI-1896, ed. facsímil, Instituto de Estudios Turolenses, 1993, p. 383.

9   D. Gascón, «Preguntas y respuestas», *Miscelánea Turolense*, 30-V-1891, ed. facsímil, Instituto de Estudios Turolenses, 1993, p. 39.

10   P. Madoz, *Diccionario geográfico estadístico histórico de España y sus posesiones de Ultramar*, Madrid, La Ilustración, 1847, t. 9, p. 639.

11   E. Serrano Fatigati, «Escultura en Madrid: desde mediados del siglo XVI hasta nuestros días. VII», *Boletín de la Sociedad Española de Excursiones*, 17, 1909, p. 185.

insertado en el cuerpo escultórico del quinientos de Gabriel Yoli. Además, reproduce una anécdota interesante que nos habla sobre la minusvaloración que se tenía de Moya y otros escultores en el Teruel de la época, anotando que la ha localizado en unas notas manuscritas de Salvador Gisbert, pintor de Blesa[12].

Ya pasada la Guerra Civil, al quedar la iglesia jesuítica completamente destruida, prevaleció el interés por el edificio y su arquitecto, José Martín de Aldehuela. Fernando Chueca Goitia, por ejemplo, citando a Schubert y Ceán Bermúdez, también yerra al nombrar a Moya como «Moyo» y reconoce que debió ser maestro de Aldehuela. Cree que al ser una fábrica de tal envergadura no es posible que el joven arquitecto la hubiese concebido en solitario, indicando que «Aldehuela debió de hacer su aprendizaje precisamente en esta obra del Seminario, bajo la dirección de maestros desconocidos (¿Corbinos?, ¿Moyo?)». No obstante, admite que se trata de una hipótesis vaga, pues afirma no saber nada de Corbinos o Moya[13].

En 1959 Santiago Sebastián, historiador del arte turolense y máximo representante de la escuela iconológica española, en el tomo dedicado a Teruel de las *Guías artísticas de España*, traza un panorama completo sobre el desarrollo histórico-artístico en la ciudad, deteniéndose en sus edificios más destacados, su mobiliario y decoración. En su relato retoma la noticia del ostensorio en la calle central del retablo mayor de Gabriel Yoli. Lo califica como un tanto discordante a nivel estructural, tal como ya había afirmado Ponz –pero sin usar sus mismos términos–[14]. También analiza el mueble titular de la iglesia de San Juan, confundiendo a su artista. Lo data en la segunda mitad del siglo XVIII por el análisis estilístico de sus decoraciones vegetales en los fustes de las columnas. Lo atribuye aquí al «estilo de José Martín de Aldehuela», no a Moya. Esta es la primera publicación en la que se ha podido detectar la reproducción fotográfica de una de sus tallas, concretamente el altar mayor de la iglesia de San Miguel[15].

El propio Santiago Sebastián, indagando en la arquitectura de la primera etapa de Martín de Aldehuela, piensa que podría haber sido este arquitecto el encargado de diseñar el retablo mayor de la iglesia del Seminario. Lo compara con su semejante de la iglesia del Salvador de Manzanera, destruido en 1936, y se lo adjudica. Lo considera muy similar al de la Compañía de Jesús, por lo que intuye que la creencia de que este sea de la mano de Moya debe estar equivocada pues, en comparación con Aldehuela, es «autor de obras flojas»[16]. Poco después entenderá esta pieza como pionera a nivel internacional por combinar la originalidad de formas rococó sin parangón con unos primeros toques de neoclasicismo[17].

Por su parte, César Tomás Laguía, presbítero de la catedral de Teruel e historiador, es el primero que en 1959 documenta la construcción de la capilla de la Inmaculada Concepción y el trabajo

12   L. DOPORTO MARCHORI, «Los retablos de Gabriel Yoli en Teruel», *Boletín de la Sociedad Española de Excursiones*, 23, 1915, pp. 277-278.

13   F. CHUECA GOITIA, «José Martín de Aldehuela (datos para el estudio de un arquitecto del siglo XVIII)», *Arte Español*, 15, 1944, pp. 9-10.

14   S. SEBASTIÁN, *Teruel y su provincia*, Barcelona, Aries, 1959, p. 30.

15   *Ibidem*, pp. 86-87.

16   S. SEBASTIÁN, «El Arquitecto turolense José Martín de Aldehuela», *Teruel*, 27, 1962, pp. 147-148.

17   S. SEBASTIÁN, *Los monumentos de la ciudad de Teruel*, Teruel, Instituto de Estudios Turolenses, 1963, pp. 107-111.

del artista en un escudo episcopal situado en la parte alta de dicho espacio[18]. Casi contemporáneamente, Moya aparece citado dos veces en la edición revisada del *Dictionnaire critique et documentaire* de Emmanuel Bénézit, como escultor del ostensorio de la catedral de Teruel y como artífice de un bajorrelieve para la Real Academia de Bellas Artes de San Fernando[19].

Años más tarde, Sebastián escribe *Teruel monumental* junto con el sacerdote e investigador albarricense Ángel Solaz. Si antes el ostensorio del retablo mayor le parecía poco coherente, ahora le resulta «expresión del fervor eucarístico despertado en Teruel a mediados del siglo XVIII» y alaba su gran riqueza iconográfica, identificando algunas de sus escenas[20]. También describe la temática de la capilla de la Inmaculada Concepción, que admite de gran complejidad y, al comentar el tesoro de la catedral, le llama la atención un armario de la sacristía con figuras de diferentes santos, diseño de Moya, pero ignora las decoraciones chinescas que lo adornan. Igualmente, la talla de la Inmaculada de la iglesia de San Pedro le sugiere similar resolución que otras obras del artista y por eso introduce la posibilidad de su autoría. Del retablo dedicado a san Miguel hace notar su complejidad narrativa y valor escenográfico[21].

También se detiene en la imagen de Juan Bautista en el retablo mayor de la iglesia de San Juan y en las dos columnas de su homólogo pertenecientes a la iglesia de la Compañía de Jesús, todos trasladados a la iglesia de San Andrés después de la Guerra Civil. La imagen del Bautista, dice, se debería estudiar más a fondo para poder determinar su autor. El retablo, por filiación formal, considera que ha de ser emparentado con el titular de la Inmaculada y el Seminario y se cuestiona si fue Martín de Aldehuela su artífice. No obstante, le resulta de poco interés iconográfico porque algunas de sus figuras se perdieron en la guerra, aunque reconoce «la calidad de la talla, […] el detallismo de los adornos y su perfección técnica»[22].

En 1970 Sebastián publica un artículo en el que analiza formalmente los fenómenos del Manierismo y el Barroco en la ciudad, fijando ciertos hitos y clasificando la imaginería turolense según la tipología de sus columnas: «manierista, salomónica, enguirnaldada, melcochada o con forma de estípite». Se detiene especialmente en el bombardeado retablo de la iglesia de los jesuitas, que describe como el más monumental conocido en la localidad hasta su destrucción. Como ya había advertido con anterioridad, hace notar que de él aún se conservan dos columnas que se colocaron en la capilla de Cristo Yacente, junto al baptisterio, en la iglesia de San Andrés[23]. Describe la iconografía del resto de sus creaciones, incidiendo en que Moya es un innovador por ser el primero en introducir variantes formales en el uso constante que durante todo el siglo XVII se había hecho de la columna salomónica[24].

18   C. Tomás Laguía, «Las capillas de la catedral de Teruel», *Teruel*, 22, 1959, p. 85.

19   E. Bénézit, *Dictionnaire critique et documentaire des peintres, sculpteurs, dessinateurs et graveurs de tous les temps et de tous les pays*, Paris, Gründ, 1960, t. 6, p. 250.

20   S. Sebastián y Á. Solaz, *Teruel monumental*, Teruel, Instituto de Estudios Turolenses, 1969, pp. 49-52.

21   Retablo de la Inmaculada de la catedral en *ibidem*, pp. 89-95; el armario en *ibidem*, p. 111; la talla de la Virgen de la iglesia de San Pedro en *ibidem*, p. 127; y las imágenes de San Miguel en *ibidem*, pp. 201-206.

22   *Ibidem*, pp. 191-192.

23   S. Sebastián, «La decoración manierista y barroca en la ciudad de Teruel», *Teruel*, 43, 1970, pp. 108-110.

24   *Ibidem*, pp. 94 y 103-112.

Francisco Moya. Un escultor al servicio episcopal en el Teruel del siglo XVIII

14

En *La expresión artística turolense*, el mismo autor retoma algunas afirmaciones de años atrás sin ninguna aportación novedosa[25]. Sin embargo, es en este libro en el que encontramos un primer intento de compilación de los trabajos del imaginero, que aparece incluido en un diccionario de artistas como «decorador formado posiblemente en Valencia»[26].

Asimismo, es de gran relevancia el *Inventario artístico de Teruel y su provincia*, en el que se catalogan de manera sistemática todos los bienes de la provincia y donde se agrupan muchas de las obras que hoy se atribuyen a Moya, perfilando su cronología y haciendo breves menciones a la iconografía. Sebastián fecha el ostensorio del retablo mayor de la catedral en 1739 –retomando la información de Doporto Marchori– y cita el mueble de la Inmaculada de la catedral y otro de la misma advocación en la capilla de la Concepción de la iglesia de San Pedro[27]. El autor repite esta información en su artículo «Noticia iconográfica de la ciudad de Teruel»[28].

Casi inmediatamente, la historiadora del arte Cristina Esteras publica información inédita de muchos artistas turolenses. De Moya, desgraciadamente, reitera los datos ya conocidos sobre el cobro del trabajo por el ostensorio y el escudo de armas para el obispo Pérez de Prado[29].

En 1977 el doctor José Luis Morales, en su estudio de la escultura aragonesa del siglo XVIII, dedica dos páginas a Teruel, mencionando a Moya y su contemporáneo José Corbinos[30]. Sin embargo, no profundiza en la obra de ninguno. Ya en los años 80, el arqueólogo e historiador del arte José Francisco Casabona, retomando el estudio de Morales, documenta la posible participación de Moya en la ejecución de un retablo dedicado a san Miguel en la iglesia de la Asunción de Mosqueruela por mandato episcopal, obra que quizás nunca se hiciera[31].

Santiago Sebastián retoma el método iconológico en el libro *Iconografía e iconología en el arte de Aragón*, publicado en 1980, para hacer hincapié en la capilla de la Inmaculada de la catedral de Santa María de Mediavilla –que había leído años antes con el mismo enfoque– y el retablo mayor de la iglesia de San Miguel. Los entiende como una alabanza del papel intercesor de María en la salvación de la humanidad. Los temas de exaltación mariana los considera consecuencia de la popularidad de la Virgen del Pilar en Aragón y resultado de la voluntad de reafirmación de la Iglesia a partir de la recuperación de los primeros tiempos del cristianismo después de la Contrarreforma[32]. No obstante, será una década más tarde cuando pueda documentar los que hasta ahora son los primeros encargos conocidos de Moya: el retablo mayor de la iglesia de

25 S. Sebastián, *La expresión artística turolense*, Zaragoza, Caja de Ahorros y Monte de Piedad de Zaragoza, Aragón y Rioja, 1972, p. 71.

26 *Ibidem*, p. 139.

27 S. Sebastián, *Inventario artístico de...*, pp. 406-408.

28 S. Sebastián, «Noticia iconográfica de la ciudad de Teruel», *Teruel*, 53, 1975, pp. 13, 21-22, 26 y 39-42.

29 C. Esteras Martín, «Documentos inéditos de artistas de Teruel en los siglos XVI, XVII y XVIII», *Teruel*, 55-56, 1976, p. 155.

30 J. L. Morales y Marín, *Escultura aragonesa del siglo XVIII*, Zaragoza, Librería General, 1977, pp. 37-39.

31 J. F. Casabona Sebastián, *La iglesia parroquial de Mosqueruela. Estudio artístico*, Zaragoza, Departamento de Historia del Arte de la Universidad de Zaragoza, 1986, vol. 2, p. 238.

32 S. Sebastián, *Iconografía e iconología en el arte de Aragón*, Zaragoza, Guara, 1980, pp. 116-120.

Alba del Campo y uno menor dedicado a la Virgen del Rosario a los pies de la nave del evangelio del mismo edificio (1735). Allí intervino también en el mueble del Santo Cristo, emplazado en el lado de la epístola, a cargo del escultor Juan Gastón (1737)[33].

En 1995 reaparece en la bibliografía el intento del artista de obtener el título de académico en la Real Academia de Bellas Artes de San Fernando[34]. Ese mismo año, Ana María Gimeno, en proceso de realización de su tesis doctoral sobre el arte del siglo XVIII en Teruel, aporta una gran cantidad de datos biográficos –el grueso de los que hoy se conocen– referentes a su procedencia, encargos, matrimonio o cobro de trabajos[35]. Solo un año después, en 1996, Santiago Sebastián realiza una nueva síntesis del arte turolense, fruto de sus concienzudos trabajos en las décadas precedentes. Aquí insiste en la participación de Moya en el impulso de las artes destinadas al culto de la Virgen[36], aspecto primordial para comprender su relación con el obispo Francisco Pérez de Prado.

El escultor fue incluido en la *Gran Enciclopedia Aragonesa* del año 2000. La información que esta recoge sobre él es una síntesis de todo lo publicado con anterioridad, aunque con algunos errores. Se le atribuyen varias tallas en la iglesia de Cantavieja, localidad en la que nunca trabajó, el retablo mayor de la iglesia del Salvador, de finales del siglo XVIII –cuando ya había fallecido–, o el altar de Cristo Yacente de la iglesia de San Andrés, que es del siglo XX. La confusión con la última obra se debe a que en esta capilla se reutilizaron dos columnas del retablo de la iglesia de la Compañía de Jesús. La documentación que menciona y algunas referencias bibliográficas tampoco son correctas, tal y como hemos podido comprobar[37].

Entrado el siglo XXI, concretamente en 2003, se edita en formato CD la tesis doctoral de Ana María Gimeno titulada *Las artes en Teruel en el siglo XVIII*. En ella se incluye un compendio completo de los artistas de este siglo, entre los que se encuentra Moya. Aquí la doctora repite las referencias vitales ya dadas a conocer anteriormente, añadiendo novedades biográficas[38], y analiza la producción del escultor incluyendo por primera vez fotografías en color[39].

---

33   S. SEBASTIÁN, «Viaje iconográfico por el valle del Jiloca: Alba del Campo», *Xiloca*, 10, 1992, pp. 161-169.

34   L. AZCUE BREA, *El museo de la Real Academia de Bellas Artes de san Fernando: la escultura y la academia*, Madrid, Departamento de Historia del Arte de la Universidad Complutense de Madrid, 1991, vol. 1, p. 92.

35   Lo publica en dos artículos muy similares: A. M. GIMENO PICAZO, «Artistas del valle del Jiloca durante el siglo XVIII», *Xiloca*, 15, 1995, pp. 195-199; Id., «Escultores turolenses del siglo XVIII», *Seminario de Arte Aragonés*, 47, 1995, pp. 312-317.

36   S. SEBASTIÁN, *Visión panorámica del arte turolense*, Teruel, Instituto de Estudios Turolenses, 1996, pp. 48-60.

37   Voz «Francisco Moya», en V. M. ALONSO GARCÍA (coord.), *Gran Enciclopedia Aragonesa 2000*, Zaragoza, El Periódico, 2000-2002, vol. 13, p. 3252.

38   A. M. GIMENO PICAZO, *Las artes en Teruel en el siglo XVIII*, Zaragoza, Departamento de Historia del Arte de la Universidad de Zaragoza, 2003, t. 2, pp. 29-33 [recurso en CD].

39   El retablo de la iglesia de San Andrés en *ibidem*, t. 1, pp. 283-290; ostensorio de la catedral en *ibidem*, t. 1, pp. 334-338; retablo de la Inmaculada de la catedral en *ibidem*, t. 1, pp. 338-341; retablo de la Inmaculada de San Pedro en *ibidem*, t. 1, pp. 357-360; retablo de la Inmaculada y San Miguel en *ibidem*, t. 1, pp. 362-365; el destruido retablo de la iglesia de la Compañía de Jesús en *ibidem*, t. 1, pp. 370-373; y, finalmente, el armario del tesoro de la catedral en *ibidem*, t. 1, pp. 382-386.

Dos años más tarde, nuestro escultor es documentado por el historiador del arte turolense José María Carreras como perito en la evaluación del gasto de la edificación del coro de la iglesia de Fortanete en el año 1726[40].

María Jesús Pérez y Juan Carlos Navarro descubrieron en 2013 las únicas fotografías conocidas del interior de la iglesia de San Juan, tomadas por el historiador del arte alemán Georg Weise en la década de 1930 y conservadas en el Bildarchiv Foto Marburg, en las que puede verse el retablo de Francisco Moya en el presbiterio, su ubicación original antes de que este templo quedara devastado entre 1937 y 1938. Estas noticias fueron publicadas en el *Diario de Teruel* entre febrero y marzo de 2013[41].

Por último, en 2018 se realizó una interesante muestra en la que se expusieron durante nueve días los restos de la decoración de la iglesia de los jesuitas, entre ellos algunas esculturas del retablo de Moya[42].

40   J. M. Carreras Asensio, «Fortanete: noticias sobre su iglesia parroquial», *Ontejas*, 17, 2005, pp. 1-3.

41   Con la autora de estos artículos hemos trabajado durante el verano de 2018 en un audiovisual sobre dicho retablo, consiguiendo algunos avances en lo referente a su iconografía y significación original, despiece y traslado, que expondremos también en el presente trabajo. J. C. Navarro Castelló y M. J. Pérez Hernández, «Iglesia de San Juan: el templo perdido», *Diario de Teruel*, 24-II-2013, pp. 8-9; Id., «Iglesia de San Juan: el sueño de la razón», *Diario de Teruel*, 3-III-2013, pp. 6-7; e Id., «Iglesia de San Juan: el retablo itinerante», *Diario de Teruel*, 10-III-2013, pp. 6-7.

42   P. L. Hernando Sebastián y J. Prieto Martín, *No nos restauréis: el patrimonio artístico del antiguo Seminario de Teruel destruido durante la Guerra Civil*, Teruel, Museo de Arte Sacro de Teruel, 2018.

Francisco Moya
y la escultura de su tiempo

Panorama del mecenazgo en Teruel en el siglo XVIII: el obispo Francisco Pérez de Prado

A inicios del siglo XVIII, Teruel y otros territorios de la Corona de Aragón estaban inmersos en una crisis política por el progresivo desmembramiento de sus reinos y la creciente centralización institucional hacia los territorios castellanos. Además, la guerra de Sucesión terminó por confirmar el declive de Aragón, Valencia, Mallorca y Cataluña, que perdieron sus leyes e instituciones propias, unificadas con las de Castilla tras la implantación de los Decretos de Nueva Planta. La situación económica, sin embargo, no era nefasta. El comercio de la lana, la agricultura, la alfarería y el curtido de pieles reportaban beneficios a Teruel desde la Edad Media y, por eso, la población creció durante casi toda la centuria. El estamento eclesiástico gozaba de un gran poder en la localidad, pues era el que concentraba casi la totalidad de las rentas[43]. Su hegemonía se aprecia de manera clara en las numerosas reformas de templos y el embellecimiento de los interiores que se emprendieron en pocas décadas[44].

El programa de mecenazgo más nutrido en el Teruel del momento fue, sin duda, el de Francisco Pérez de Prado (Aranda de Duero, 1678 – Madrid, 1755)[45]. Este prelado e inquisidor nació en la localidad burgalesa de Aranda de Duero y fue bautizado el 8 de diciembre de 1678, festividad de la Inmaculada Concepción. Por este motivo siempre profesó una especial devoción a la Virgen que lo acompañó toda su vida. En 1732 fue nombrado obispo de Teruel, cargo que ocupó hasta su

---

43   A. M. Gimeno Picazo, *Las artes en...*, t. 1, pp. 41-52.

44   Véase la gran nómina de obras del siglo XVIII en relación con otras centurias que se ofrece en S. Sebastián., *Inventario artístico de...*, 1974.

45   La biografía más reciente y completa que se ha escrito sobre el personaje es J. M. Latorre Ciria, «Francisco Pérez de Prado y Cuesta, inquisidor general y obispo de Teruel», en E. Serrano Martín y J. Postigo Vidal (eds.), *Élites políticas y religiosas, devociones y santos (siglos XVI-XVIII)*, Zaragoza, Institución Fernando el Católico, 2020, pp. 85-130.

Francisco Moya. Un escultor al servicio episcopal en el Teruel del siglo XVIII

18

muerte en 1755[46]. Durante su mandato pretendió «renovar por todas partes el espíritu de la fe y la pureza de las costumbres»[47]. Proveyó de recursos al hospital de la Asunción y consumó la antigua y hasta entonces fallida fundación del colegio de la Compañía de Jesús. Otra de sus principales preocupaciones al frente de la cátedra fue levantar altares a María como forma de exaltación de su figura, la mayoría contratados con el escultor Francisco Moya, actitud que fue destacada en sus honras fúnebres de la siguiente manera:

> Al señor Prado quanto le faltava de ayre de vanidad (jamàs llegò a su olimpo) le sobrava de plata para los Tabernaculos, de oro, y pedrerìa para las Custodias, de rentas para magnificas fundaciones, de pan para los pobres[48].

Francisco Pérez de Prado siempre demostró rectitud en lo moral y lo religioso. Mantuvo y endureció las penas en todo el territorio diocesano por participar en bailes públicos o privados y prohibió los juegos entre hombres y mujeres, especialmente si sus participantes eran varones jóvenes o damas solteras[49]. Siguió los mandatos de la Contrarreforma y, como teólogo, publicó varias obras que hoy son muy útiles para entender su pensamiento. En primer lugar, realizó un apéndice a la lista de libros prohibidos durante el Concilio de Trento, el *Index Librorum Prohibitorum*[50]. Su principal obra, *El compendio de las Tres Leyes Naturales, natural, escrita y evangélica*, dirigida a la conversión de los judíos, explica el valor que concedió a la Eucaristía como sacramento renovador del espíritu y el papel de la Virgen en la historia sagrada. Estas dos ideas las visibilizó también en las artes bajo su patrocinio, principalmente en la escultura, la orfebrería y la arquitectura.

Debemos tener en cuenta que, durante su episcopado, cuando se tomaba posesión de un cargo dentro del cabildo turolense, se juraba «defender la pureza de María»[51]. Además, el extraordinario impulso del culto mariano no solo tuvo cabida en el ámbito eclesiástico, sino que también se filtró a la vida ciudadana. En el Teruel del setecientos la literatura mariológica aparece en los inventarios de bienes, con títulos vinculados a su culto como *Maria Inmaculada en cinquenta discursos*, *Vida de la Virgen* y *Oficio parbo de Nuestra Señora*[52].

---

46   F. M. García Miralles, «El obispo Pérez de Prado», *Teruel*, 9, 1953, pp. 109-162.

47   *Ibidem*, p. 113.

48   J. A. Arnal, *Honras a la venerable memoria del Ilmo señor D. Francisco Pérez de Prado y Cuesta*, Valencia, Benito Monfort, 1761, p. 14.

49   F. Pérez de Prado, *Don Francisco Perez de Prado y Cuesta, por la gracia de Dios, y de la Santa Sede Apostólica, Obispo de Teruel, del Consejo de su Magestad, &c. A todos nuestros amados subditos de qualquier estado, dignidad, y condicion que sean, salud en Jesu Christo nuestro Señor*, s. l., s. e., 1746.

50   Véase F. Pérez de Prado, *Index librorum prohibitorum ac expurgandorum novissimus pro universis Hispaniarum regnis serenissimi Fernandi VI regis catholici*, Matriti, Emmanuelis Fernandez, 1747. Disponible en Gredos. Gestión del Repositorio Documental de la Universidad de Salamanca, «Búsqueda: Francisco Pérez de Prado», *sine die*, en https://gredos.usal.es/handle/10366/43066 (fecha de consulta: 25-IV-2019).

51   Como se pone de manifiesto en el acto de posesión del cargo de tesorero por Matheo Joseph Íñigo, en Archivo Histórico Provincial de Teruel (AHPT), Miguel Marco, 1751, f. 149-149v. (Teruel, 24-XI-1751).

52   Así se ha constatado, por ejemplo, en el inventario de bienes de Francisco Aliaga Boil d'Arenos y su mujer Juana de Ayerbe conservado en AHPT, Pedro José López, 1745, f. 137 (Mirambel, 4-XII-1745).

El oficio de escultor

Aunque la documentación turolense del siglo XVIII diferencia entre el oficio del «escultor» y el del «carpintero», la realidad era mucho más permeable y ambos trabajos se confundían todavía entonces. En la década de 1730 se dictaron dos ordinaciones para el gremio de albañiles y carpinteros, y los escultores quedaron englobados dentro de estas. El término escultor fue definido entonces como «el artífice que esculpe y entalla, ahóra sea en màrmol, piedra, marfil, madéra»[53], mientras que el carpintero era el oficial «que trabaja y labra la madera para edificios»[54].

La indivisibilidad de ambos oficios provenía de la centuria anterior, cuando sus oficiales, entonces también apodados «fusteros», se englobaron indistintamente en la cofradía dedicada a san José. Este hecho se entiende si pensamos que casi la totalidad de la imaginería turolense del siglo XVIII es en madera, aunque a veces imite otros acabados como el mármol, y que las actividades de los carpinteros y los escultores no eran entonces estancas y perfectamente definidas. Al escultor José Corbinos (doc. 1702-1758), por ejemplo, se le encarga el retablo mayor del convento de San José de Gea de Albarracín a la vez que otras labores de carpintería del monasterio, concretamente «tres sillas de nogal para el preste y diaconos»[55]. A Francisco Moya se le conoce el diseño del armario para plata de la sacristía de la catedral de Teruel, del que más tarde nos ocuparemos, y a Francisco Navarro (doc. 1747-1795) la realización de unas puertas de nogal para la parroquial de Calamocha[56]. Por eso, los estatutos de la organización reglamentaron sobre objetos tan variopintos como escritorios, arquimesas, mesas, sillas, camas, arcas, puertas, bastidores y toneles.

Los escultores o carpinteros de Teruel compartieron ordenanzas con el gremio de albañiles, canteros, cuberos, torneros, ebanistas y ensambladores desde al menos 1617[57]. Esto no es una excepcionalidad, también sucedía en otras ciudades del reino de Aragón como Tarazona o Zaragoza[58]. Durante el setecientos, sin embargo, se avanzó hacia la independencia de las diferentes especialidades que englobaban una cofradía de oficios, pero en Teruel dicho deseo de liberalidad nunca se manifestó ni tampoco llegó a concretarse oficialmente. Ello no implicaba que un artífice pudiese entrometerse en las funciones del otro, pues estas quedaban bien diferenciadas al especificarse que «ningun maestro examinado de canteros se pueda jusmeter en conzertar obra ni acienda de carpinteros»[59].

Los miembros se reunían en los locales del gremio que se situaban en la plaza Mayor de Teruel, actualmente conocida como plaza del Torico o de Carlos Castel. La «sala del oficio de carpinteros»,

---

53   Voz «escultor», en Real Academia Española, *Diccionario de la lengua castellana*, Madrid, Viuda de Francisco del Hierro, 1732, t. 3, p. 580.

54   Voz «carpintero», en Real Academia Española, *Diccionario de la lengua castellana*, Madrid, Viuda de Francisco del Hierro, 1729, t. 2, p. 191.

55   A. M. Gimeno Picazo, *Las artes en...*, t. 4, p. 102.

56   R. Carretero Calvo, «Francisco Navarro y la escultura rococó aragonesa», *Artigrama*, 27, 2012, p. 463.

57   C. L. de la Vega y de Luque, «Historia y evolución de los gremios de Teruel», *Teruel*, 77-78, 1987, pp. 189-190.

58   R. Carretero Calvo, «El gremio de albañiles y carpinteros de Tarazona durante la Edad Moderna», *Artigrama*, 26, 2011, pp. 603-604.

59   A. M. Gimeno Picazo, *Las artes en...*, t. 4, p. 88.

tal como aparece en la documentación[60], se utilizaba para las reuniones o «ajuntamientos», el almacenaje de materiales y, eventualmente, los exámenes de maestría[61], una polivalencia y multifuncionalidad que se adaptaba a las necesidades más inmediatas que aconteciesen.

Su festividad se celebraba en la iglesia del Salvador el día de su patrón, san José. En esa jornada, acabada la misa del santo, se elegían los cargos: un mayordomo albañil y otro carpintero, lo mismo para los alumbradores y veedores, y cuatro «quatros». Si los maestros elegidos los rechazaban debían pagar una penalización de treinta sueldos. Los escultores tenían la obligación de asistir a estas asambleas si estaban en Teruel o su término, aunque si no se localizaban en la ciudad podían evitarlo.

En la cofradía existía un organigrama perfectamente estructurado por el que ascender. El primer puesto era el de andador, la persona que convocaba a los miembros a las reuniones[62] y que elaboraba las listas de los presentes en actos oficiales y religiosos[63]. Otra de las responsabilidades menores fue la de administrador de la madera. Le seguían en rango los cuatros, los alumbradores, los veedores y los mayordomos. Los cuatros velaban por el «gobierno del oficio»[64]. El más antiguo de ellos hacía de veedor si este estaba enfermo y guardaba una de las llaves de la arquilla, depositaria de la bolsa en que se sorteaban las tareas. Su nombre seguramente provenga de una de sus funciones, portar cuatro velas o hachas en las procesiones.

Por su parte, los alumbradores eran quienes adecentaban y cuidaban la capilla, mientras que los veedores revisaban las trazas presentadas al examen de maestría, cobrando ocho sueldos si se hacía intramuros y diez extramuros. También compraban la madera y la marcaban para evitar fraudes, incluso revisaban las obras que se estuviesen trabajando en la ciudad cada dos meses.

Los mayordomos, en la cúspide de la organización, administraban el dinero que cobraban a los maestros ocho días antes de la fiesta patronal, guardaban el libro de cuentas y una de las llaves del arca en que se custodiaban las bolsas para la insaculación[65]. La jerarquía se visibilizaba en las procesiones del santo titular, donde cada uno ocupaba su posición según la longevidad en la hermandad. A partir de los sesenta años era obligatorio acudir a todos los actos, «nombramientos, quentas, festibidades [...] y a las funerarias y entierros»[66].

---

60   AHPT, Jacinto Martín de Morata, 1740, f. 1 (Teruel, 7-I-1740). Esta es una información circunstancial que aparece reflejada en un documento de cesión de una propiedad de Antonio Almazán e Inés Martín, que ofrecen a su hijo Juan Almazán la «cassa de la habitacion de dichos mandantes [esto es el edificio] sita en la plaza Mayor de la dicha ciudad que confronta con sala del oficio de carpinteros, con otra cassa de dichos mandantes calle de los Ricos Hombres y dicha plaza con el corral cubierto concerniente a ella que se manda por passo soterraneo, y confronta con cassas del oficio de pelayres y de Lorenzo Navarro, y dicha calle adonde sale puerta».

61   Desde 1737, tal como estipulan las ordenanzas de ese año, los exámenes se hacían en casa del mayordomo.

62   La tarea de andador podía ejercerla un trabajador municipal que se encargaba de convocar a todos los gremios.

63   Véase J. F. ESTEBAN LORENTE, *La platería de Zaragoza en los siglos XVII y XVIII*, Zaragoza, Ministerio de Cultura, 1981, t. 1, pp. 32-33.

64   A. M. GIMENO PICAZO, *Las artes en...*, t. 4, p. 84.

65   B. BOLOQUI LARRAYA, «El gremio de carpinteros, ensambladores, escultores y entalladores de la ciudad de Zaragoza, según las ordenanzas del siglo XVII y XVIII», en M. del C. ANSÓN CALVO *et al.*, *La ciudad de Zaragoza en la Corona de Aragón: comunicaciones. X Congreso de Historia de la Corona de Aragón*, Zaragoza, Institución Fernando el Católico, 1984, pp. 150-154.

66   A. M. GIMENO PICAZO, *Las artes en...*, t. 4, p. 90.

Para acceder al gremio primero había que ser admitido como aprendiz, para lo cual se pagaban ocho sueldos de entrada y cuatro cada mes. El aprendizaje duraba varios años, normalmente cuatro, y se materializaba en las «afirmaciones de aprendiz», es decir, contratos notariales en los que el padre o la madre –a veces el tutor si estos habían fallecido– de un joven de entre 10 y 20 años ofrecía a su hijo como criado a un maestro para aprender los «secretos» o «primores» del arte de escultor. El preceptor alojaba al muchacho en su propia casa y debía encargarse de su manutención –comida, vestido y medicamentos– mientras este le servía y se ejercitaba para su futura emancipación.

Mientras duraba la educación, el aprendiz tenía prohibido contratar obras o trabajar ajenamente al taller. Primero debía superar la denominada carta de examen, una prueba que consistía en la demostración práctica y teórica de que el ayudante había adquirido las competencias que le permitían ejercer adecuadamente. Por el examen se pagaba una tasa, que era superior para quienes no fueran descendientes de maestros, no estuviesen casados con sus hijas o no hubiesen nacido en Teruel:

> Que los hijos de maestros que se examinaren o los que casaren con ija de maestros deban pagar ciento veinte sueldos jaqueses y ocho sueldos jaqueses de espórtula[67] [...] a los hijos de la ciudad que no casasen con hijas de maestros [...] trescientos y veinte sueldos jaqueses y doze sueldos jaqueses de espórtula [...] a los hijos de la comunidad de Teruel de caja quatrocientos sueldos jaqueses, y diez y seis sueldos jaqueses de espórtula [...] los que fueren del presente reyno de Aragón paguen de caja quatrocientos sueldos jaqueses y seis sueldos jaqueses de espórtula [...] que los estranjeros [...] deban pagar de caxa ochocientos sueldos jaqueses y veinte y quatro [...] de espórtula[68].

La prueba constaba de dos fases. Primero, la realización de una pieza o una traza y, a continuación, varias preguntas teóricas[69]. Si el artesano aprobaba ya estaba en condiciones de abrir su propia «botiga» u obrador y concertar encargos por cuenta propia, aunque el gremio a veces ponía como condición esperar el tiempo prudencial de un año hasta que se abonase el precio del examen.

Si el escultor no se había examinado en Teruel no se le permitía trabajar dentro de sus límites ni emplear los instrumentos del oficio, bajo pena de sesenta sueldos. Cuando eran extranjeros no podían ejercer en el municipio, a menos que tomasen en matrimonio a la hija de un maestro. Igualmente, si se intentaba introducir en la ciudad una obra de personal no admitido se pagarían ocho sueldos por cada carga de madera de carpintería, ebanistería o tornería; veinte por trabajos de escultura o arquitectura y una trigésima parte por las imágenes exentas u ornatos para estas.

En 1737 se redactaron unas nuevas ordinaciones[70] que presentan algunas diferencias con las anteriores, la mayoría de tipo económico. Se estableció que los mayordomos recién nombrados notificasen las deudas de los anteriores y las cobraran en el plazo máximo de un mes. Igualmente, se fijó que los cargos se eligiesen cada seis años –en el siglo XVII se renovaban anualmente–. También se eliminó el pago de los ocho sueldos de entrada cuando un maestro acogía a un mancebo.

---

67   Retribución o recompensa, generalmente en efectivo o con alimentos.

68   A. M. Gimeno Picazo, *Las artes en...*, t. 4, p. 86.

69   Era lo habitual en todas las ciudades, por ejemplo, en la vecina Valencia, como se expone en A. M. Buchón Cuevas, «El escultor Ignacio Vergara y el gremio de carpinteros de Valencia», *Ars Longa*, 9-10, 2000, p. 95.

70   A. M. Gimeno Picazo, *Las artes en...*, t. 4, pp. 103-108.

El examen se haría desde entonces en casa del mayordomo para ser llevado después ante los veedores, existiendo la posibilidad de pedir la ayuda de un padrino que asistiese en la prueba.

Por otra parte, se establecieron nuevas tasas para la madera trabajada fuera de la localidad. Sería examinada y marcada y, una vez aprobada, se le aplicaría un impuesto que dependería de su tipología. Por los toneles cuatro sueldos; por las sillas dos dineros; por las mesas, camas, arcas, puertas y bastidores doce dineros; y por cada arquimesa o escritorio un real de plata[71]. Por último, se admitieron en la asociación a dos nuevos perfiles profesionales, los carreteros y los aladreros[72].

Los contratos o capitulaciones de obra ayudan a comprender cómo era el proceso de realización de una escultura. La parte contratante, un eclesiástico o prohombre, pedía retablos en madera[73] que debían ejecutarse según un diseño previamente aprobado, sometido a visura, y con una iconografía perfectamente fijada. Ellos entregaban el material al escultor, pino o nogal, y pagaban el sueldo a plazos a medida que avanzaban los trabajos. El autor ponía su mano, las herramientas y el taller. Por último, se fijaba una fecha de conclusión que coincidía con una festividad religiosa[74]. Si se incumplían los plazos se tasaban los tablones restantes y se entregaba la obra a otro maestro[75].

En 1752, cuando se fundó la Academia de Bellas Artes de San Fernando en Madrid, algunos artistas pretendieron acceder a ella, escapando por primera vez al control de la corporación. Muy tempranamente, Francisco Moya lo intentó en 1753, solo un año después de su apertura, presentando un relieve con el tema de *La matanza de los inocentes*, y José Tomás en 1757 con otro que representaba al *Emperador Teodosio ante el templo de Milán*. Solo el segundo fue admitido[76]. No obstante, la gran mayoría de sus compañeros siguieron participando de las rígidas estructuras gremiales heredadas desde la Edad Media y se sometieron a las ordinaciones dictadas para el oficio.

Aunque esto pueda parecer un lastre, no lo era. Más bien significaba todo lo contrario, pues quien integraba este paraguas contaba con el amparo de compañeros que protegían unos intereses comunes. El gremio controlaba el acceso a la profesión, evitaba el intrusismo, velaba por el sustento de sus cofrades y podía ejercer presión a los jurados del concejo cuando se reivindicaba un derecho. La corporación cumplía unas funciones de asistencia y religiosas fundamentales, como pagar el entierro a sus miembros, así como a sus mujeres, hijos y aprendices. Por eso era obligación de los ocho cofrades de más reciente ingreso el enterrar a los fallecidos[77]. Todo ello explica por qué estas redes, que habían demostrado su eficacia durante siglos, todavía se mantenían vigentes en ciudades donde la figura del maestro-artesano tenía mucha más razón de ser que la moderna concepción académica del artista independiente.

---

71 *Ibidem*, p. 106.

72 Se refiere a un carpintero que realiza piezas relacionadas con la labranza, como carros o arados.

73 Hasta el siglo XVII es fácil encontrarlos también en alabastro en las capillas privadas de las casas.

74 Véanse las capitulaciones recogidas en A. M. Gimeno Picazo, *Las artes en...*, t. 4, pp. 78-81, pp. 101-103 y pp. 126-128.

75 *Ibidem*, p. 98.

76 *Ibidem*, t. 1, pp. 133-134.

77 *Ibidem*, t. 4, pp. 83-90.

El retablo en el Teruel setecentista

Los retablos en el siglo XVIII forman parte de un grupo de imágenes devotas cuya función es la de servir a la liturgia. En esta centuria es muy importante la veneración de la Eucaristía que se hace presente en los ostensorios, los expositores y los sagrarios de volúmenes pronunciados situados en la predela. Su efecto se veía potenciado por los mecanismos de tramoyas, los transparentes, los espejos o la ocultación de imágenes detrás de lienzos[78]. En Teruel estos juegos escenográficos y de luces pueden contemplarse todavía en el retablo de la capilla de la Inmaculada de la iglesia de San Pedro, donde se hace uso del «bocaporte», es decir, un lienzo que se descorre o se gira, dejando ver la imagen titular, en este caso dos Inmaculadas –una pintada y otra esculpida–. Posteriormente, le siguieron el ostensorio del retablo mayor de la catedral de Santa María de Mediavilla, que incluye espejos para crear reflejos y un brazo metálico para agarrar una custodia, y el proyecto original del mueble principal de la desaparecida iglesia de San Juan, hoy en San Andrés, retocado tras la Guerra Civil. La figura del san Juan central debía moverse, permitiendo ver un crucifijo, cosa que conocemos gracias al contrato de la obra:

> Fue pacto que los susodichos quatro artífices [...] se obligan a hacer y trabajar todo el retablo mayor de dicha iglesia de San Juan, de planta y segun y como se demuestra en el diseño [...] a excepción del nicho principal, en el qual solamente ha de aver un San Juan Bautista de cuerpo entero [...] y a espaldas del santo, en otro nicho interior, se ha de poner el mismo crucifixo que está en su capilla [...] de forma que pueda correrse San Juan a un lado y descubrirse el crucifixo[79].

Asimismo, los retablos participaban activamente en actos oficiales como las fundaciones de capellanías[80] o el nombramiento de cargos dentro del cabildo catedralicio, desde un sacristán hasta un obispo. El altar mayor era el epicentro de la misa, en la que intervenían diversos aspectos protocolarios, como la música, las vestimentas o las procesiones. A quien iba a ser designado se le conducía frente a este y delante de él debía hincar la rodilla, recitando una oración leída de un misal que se colocaba sobre un atril en el lado de la epístola, para terminar con otra reverencia. Al clérigo en cuestión, que esperaba a ser propuesto, se le vestía con la ropa adecuada para el cargo y se le acompañaba en procesión desde el palacio episcopal. Sirva como ejemplo el nombramiento del obispo Francisco Javier Pérez, sucesor de Francisco Pérez de Prado, en 1755, cuyo acto fue el siguiente:

> Le vistieron con capa presbiterial y en esta forma, y con dicho acompañamiento [el tesorero y un canónigo] le sacaron en procesion claustral, y llebaron al altar mayor, y en un misal que alli habia abierto al lado de la epistola dixo una oracion, y hechos, los acatamientos debidos en la silla episcopal, tañendose el organo, y cantando lo acostumbrado: y de alli le bolbieron a dicha sacrestia, y desnudó de dicha capa presbiterial, y puso su manto canonical, y de esta forma con el mismo acompañamiento, y musica de la capilla, le llebaron al palacio episcopal, el que pasó y sentó en la silla de judicatura de tribunal, tomó las llabes de archivo secretaria de papeles, y de cancel, abrió y cerró las puertas, y las visitó: y hecho esto, le bolbieron a dicha sala capitular donde todavia se mantenia junto dicho muy ilustre cabildo y dandole cuenta de el executado, y de haber sido sin contradiccion, lo aprobó: *et incontinenti* dicho señor prior, paso al señor

---

78   J. J. Martín González, «Avance de una tipología de retablo barroco», *Imafronte*, 3-5, 1987-1989, pp. 111-155.

79   AHPT, José Hernández Sánchez, 1747, ff. 46-47v. (Teruel, 22-IV-1747). Reproducido en A. M. Gimeno Picazo, *Las artes en...*, t. 4, pp. 126-128.

80   Para el ámbito turolense consúltese, por ejemplo, AHPT, Pedro de Assin, 1733, ff. 2v.-3v. (Teruel, 24-IV-1733). Para el caso zaragozano revísese Archivo Histórico de Protocolos Notariales de Zaragoza (AHPZ), José Domingo Asín, 1736, f. 34-34v. (Boquiñeni, 9-IV-1736).

Francisco Moya. Un escultor al servicio episcopal en el Teruel del siglo XVIII

24

dean presidente, y juró por Dios nuestro Señor, y quatro santos evangelios, de obserbar, y guardar los estatutos, y loables costumbres de dicha santa Iglesia[81].

En el siglo XVIII los retablos desempeñaron un papel fundamental como forma de convencer al fiel durante la liturgia y vehicular la enseñanza de ciertos dogmas, haciendo uso de escenografías y efectos dramáticos. Por tanto, debemos entenderlos como objetos artísticos producto de su tiempo, pero también como muebles litúrgicos con funciones devocionales y usos concretos. Igualmente, las condiciones para su realización estaban perfectamente reglamentadas, pues en ellos no solo intervenía el escultor, como se tiende a pensar cuando se reduce la realidad, sino también el comitente y el gremio. Es decir, su estudio nos sirve para adentrarnos en aspectos socioeconómicos y religiosos que trascienden a la obra de arte y de los cuales Francisco Moya es un ejemplo interesante en la esfera turolense.

Francisco Moya, escultor turolense del siglo XVIII

Francisco Moya debió nacer en la localidad turolense de Jorcas en la última década del siglo XVII, a lo sumo en el primer lustro del XVIII. Los libros sacramentales de esta población no se han conservado[82], por lo que no se puede comprobar con seguridad su fecha de nacimiento ni su ascendencia.

La primera mención conocida del escultor data de 1727, cuando se le localiza en la iglesia de la Purificación de Fortanete junto al maestro de obras Pedro Gonel (doc. 1698-1740) presupuestando el coste del coro y la sillería para este templo, tal como nos informan unos decretos remitidos a la Sede Metropolitana de Zaragoza:

> Segun fuero del presente reyno de Aragon en el qual se le mandaba dicho capitulo su principal remitiera testimonio de personas peritas que estos mediante juramento declarasen la cantidad necesaria para haver de haçer haçer [sic] la silleria y cerrar el coro de la dicha Iglesia [...] hiço parecer ante dicho padre fray Pedro Pinilla regente sobre dicho à Pedro Gonel y a Francisco Moya, maestros peritos en el arte de la escultura, vecinos de dicha villa, los quales [...] declararon que era verdad que para fin de haver de haçer la silleria y cerrar el coro de la iglesia parroquial de dicha villa era necesario que el dicho capitulo se hubiera de gastar y gastase la cantidad de ciento cinquenta libras jaquesas y que dichos lo savian por visto y [h]an dado con mucho cuidado a dicho coro donde se ha de colocar la referida silleria y para que conste assi lo certifico firmo y signo [...] a veinte y tres dias del mes de henero del año contado del nacimiento de nuestro señor Jesuchristo de mil setecientos y veinte y siete[83].

---

81 AHPT, Miguel Marco, 1756, ff. 209v.-212v. (Teruel, 30-I-1756). La toma de otra dignidad menor, como el arcedianato, en la que también intervienen los retablos, se describe en AHPT, Miguel Marco, 1753, ff. 178v.-179 (Teruel, 17-VII-1753). El nombramiento de un sacristán en AHPT, Miguel Marco, 1751, ff. 139-141v. (Teruel, 29-I-1751).

82 Según nos informan desde el Archivo Diocesano de Teruel.

83 El documento pudo localizarse gracias a la mención que aparece en J. M. Carreras Asensio, *op. cit.*, pp. 1-3. Sin embargo, existe un error de citación, pues la carpeta que contiene el manuscrito es la 194-2 y no la 192-2. La transcripción se ha realizado a partir del original conservado en Archivo Diocesano de Zaragoza (ADZ), Decretos, 1726-1727, carpeta 194-2, f. 179-179v. (Fortanete, 23-I-1727).

El historiador José María Carreras Asensio cree que Moya podría estar obrando algún retablo para dicha iglesia en ese momento[84], pues se le menciona como «vecino» de la villa, es decir, su estancia no era temporal. Esta hipótesis parece bastante probable si tenemos en cuenta que para entonces este edificio estaba siendo reformado y decorado, «para fin de concluir de adornar dicha parroquia que en años pasados fabricaron a sus expensas los vezinos de dicha villa y después la han puesto decente con ornamentos retablos y jocalias»[85]. No obstante, tampoco podemos descartar que fuesen Gonel y Moya los encargados del diseño y realización de dicha sillería. La documentación es parca en este sentido y no permite confirmar esta hipótesis. Presupuestaron la obra en más de 150 libras jaquesas por el trabajo de la forja y la madera y creyeron oportuno que se policromara:

> [*Según el*] parecer y dictamen de maestros inteligentes en la facultad de escultores para saver que podia importar assi el enrejado, como silleria para el choro de esta iglesia juraron ser necesario mas de ciento y cinquenta libras solo de mazoneria, y con mas lo que sera necesario para darle colorido y por ser la madera de pino: cuia obra reconozco ser mui necesaria, y del servicio de Dios nuestro Señor por estar en el piso de la iglesia, y estar los eclesiasticos con maior decencia en el choro[86].

El hecho de que en 1727 sea mencionado como «maestro» indica que ya se había examinado, sin embargo, todavía debía ser relativamente joven. Santiago Sebastián planteó la posibilidad de que se hubiese formado en Valencia[87] por las conexiones artísticas continuadas que desde el gótico habían mantenido los pueblos de la mitad oriental turolense con el Levante peninsular, si bien esta hipótesis, de momento, sigue sin poder aclararse. No obstante, esta primera alusión junto a Pedro Gonel, maestro de obras que desarrolló parte de su carrera en tierras castellonenses, podría apuntar en esta dirección, aunque tampoco hay que descartar que se trate de una coincidencia, pues Gonel era natural de Fortanete[88].

Entre 1732 y 1735 se le atribuye el retablo de la Inmaculada de la iglesia de San Pedro de Teruel[89]. La resolución de la figura de la Virgen, principalmente el tratamiento de los paños, es similar a otras tallas posteriores del escultor. El mueble, no obstante, no presenta coincidencias formales con otros de su mano. Su primera obra documentada es el retablo de la Virgen del Rosario de Alba del Campo, por el que Juan Dolz, prior de la cofradía del Rosario, le pagó 150 escudos valencianos. Allí, en 1737, ayudó a Juan Gastón a labrar el retablo del Santo Cristo, colaboración por la que recibió 10 fanegas de centeno. En la misma iglesia esculpió el retablo mayor entre 1735 y 1738 a cambio de 2.008 sueldos[90].

Tras haberse mantenido ocupado en varios pueblos de la provincia, en 1739 ascendió a la catedral de Santa María de Mediavilla. En esta fecha realizó el escudo que corona el retablo de la ca-

---

84   J. M. CARRERAS ASENSIO, *op. cit.*, pp. 2-3.

85   ADZ, Decretos, 1726-1727, 194-2, f. 180v. (Fortanete, 23-I-1727).

86   *Ibidem*, f. 180.

87   S. SEBASTIÁN, *La expresión artística...*, p. 139.

88   J. J. VILLARROYA ZAERA, «Los Gonel, un linaje de maestros de obras con raíces en Fortanete», *Ontejas*, 30, 2018, p. 2.

89   S. SEBASTIÁN y Á. SOLAZ, *op. cit.*, p. 127.

90   S. SEBASTIÁN, «Viaje iconográfico por...», pp. 161-169.

Francisco Moya. Un escultor al servicio episcopal en el Teruel del siglo XVIII

26

pilla de la Inmaculada Concepción[91] y un nuevo ostensorio para el retablo mayor, sustituto del original obrado por el francés Gabriel Yoli en los años 30 del siglo XVI[92]. Por el primero le pagaron 12 pesos y por el segundo 200[93]. Cuatro años después, en 1743, continuó sus labores para la seo turolense, cobrando 125 libras por el diseño del armario para plata y joyas de la sacristía más 3 libras y 10 sueldos por el «trono del sagrario» y un arreglo en una talla del antiguo retablo mayor, además de «seis ruedas de yerro para la mesa de la custodia y un aldavón, 3 libras, 7 sueldos y 6 dineros»[94].

En 1742 fundó la ermita de San José de Jorcas junto a su esposa Francisca Gómez. Para su mantenimiento dedicaron una finca, como bien describe una visita pastoral decimonónica que coincidió con la expropiación de estos terrenos:

> Hay en esta feligresía dos hermitas, la una bajo la invocación de Santa Agueda con un solo altar habilitado para celebrar el santo sacrificio de la misa fue trasladada de otro sitio el año 1748: la 2ª bajo la invocación del patriarca San José, fue fundada el año 1742 por don Francisco Moya y su consorte Francisca Gomez, aquel escultor y estatuario del S. M. el rey don Fernando 6º: dichos fundadores adjudicaron de sus propios bienes, unas fincas, con cuyo producto se atendía a los gastos del culto y conservacion de dicha hermita; pero en el año 1841, se incautó de ellos la Nacion. Tiene un solo altar, habilitado decentemente; cuya escultura y dorado, estan hechos con todo primor[95].

En 1745 la colegiata de Mora de Rubielos le compró una imagen de la Concepción para instalarla en un lugar que la historiografía no ha podido determinar[96]. Hoy no se conserva, pero seguramente fuese una escultura de María emplazada frente a una tabla gótica del siglo XV que sirvió «de fondo para una Virgen tallada»[97]. Ese mismo año fue nombrado regidor de Jorcas[98].

Poco tiempo después, en 1747 y 1748, residió en este pueblo, junto con su mujer, pues ambos recibieron la comunión anual obligatoria en su iglesia[99]. En estos años debió trabajar en las «excelentes esculturas» que le atribuye el geógrafo Pascual Madoz a mediados del siglo XIX dentro de la ermita fundada por el matrimonio. En especial menciona una con el tema de san José postrado en la cama[100]. Este edificio fue desmantelado en la guerra, así que solo podemos conocer las

91 Por este motivo se le atribuyó el retablo. Véase C. Tomás Laguía, op. cit., p. 85.

92 L. Doporto Marchori, op. cit., pp. 277-278.

93 C. Esteras Martín, op. cit., p. 155.

94 A. M. Gimeno Picazo, Las artes en..., t. 3, p. 30.

95 ADZ, Visitas pastorales, 1849, n. 152, s. f. (Jorcas, 23-X-1849).

96 A. M. Gimeno Picazo, Las artes en..., t. 3, p. 30.

97 Juan Cabré adjunta una imagen de la tabla gótica y la pequeña descripción transcrita, pero desgraciadamente apartó la talla de la Virgen cuando tomó la fotografía. Véase su comentario y la imagen con el número 409 que aparecen en J. Cabré, Catálogo artístico-monumental de la provincia de Teruel, s. l., s. e., s. d., t. 4, pp. 12-13. Consultado a partir de la versión digital disponible en Biblioteca Tomás Navarro Tomás, «Catálogo Monumental de España (1900-1961). Teruel», en http://biblioteca.cchs.csic.es/digitalizacion_tnt/index_interior_teruel. html (fecha de consulta: 24-VI-2018). Agradezco a mi compañero Pablo Cercós Maícas, que actualmente estudia la pintura gótica turolense y valenciana, que me proporcionase esta noticia.

98 A. M. Gimeno Picazo, Las artes en..., t. 3, p. 30.

99 ADZ, Cédulas de comunión, 1747, caja 64, s. f. (Jorcas, 1747); y 1748, caja 64, s. f. (Jorcas, 1748).

100 P. Madoz, op. cit., t. 9, p. 639.

tallas por algunas descripciones localizadas en visitas pastorales decimonónicas. En ellas se dice que tuvo «el techo de madera bien trabajado; el pabimento bueno; las ymagenes muy perfectas y devotas»[101] y que su «escultura y dorado, estan hechos con todo primor»[102].

Mientras residía en Jorcas trabajó en el retablo mayor de la desaparecida iglesia de San Juan de Teruel[103], hoy trasladado a la iglesia de San Andrés, contratado por los racioneros José Martínez Blesa y Atanasio Chiminer. Contó con la ayuda de Pedro Villa (Teruel, 1705-1769)[104], Francisco Salesa (doc. 1711-1785)[105] y el joven José Martín de Aldehuela (Manzanera, 14/01/1724-Málaga, 07/09/1802)[106]. Esta noticia confirmaría las suposiciones de comienzos del siglo XX que afirmaban que Aldehuela se había formado con un tal «D. Francisco de Moyo»[107]. Incluso se ha sugerido que fuese Moya, como maestro de Aldehuela, quien proyectase y dirigiese las obras de la desaparecida iglesia de la Compañía de Jesús de Teruel[108], circunstancia que no parece probable teniendo en cuenta que los únicos trabajos artísticos que se le conocen son como escultor.

Posteriormente, su producción estuvo vinculada al ámbito madrileño, como bien expresa el documento en el que tomó posesión de la iglesia de San Andrés de Teruel como su parroquia. Ahí se le menciona como escultor del rey y del palacio real[109]. Hasta ahora se pensaba que pudo ser llamado por Carlos IV por una confusión de Pascual Madoz, pero la documentación indica con claridad que fue «escultor y estatuario del S. M. el Rey Don Fernando 6º»[110]. Además, cuando Moya trabajó en Madrid Carlos IV era un recién nacido.

Como apuntamos con anterioridad, en 1753 presentó un relieve con el tema de *La matanza de los inocentes* para ingresar como académico en la Real Academia de Bellas Artes de San Fernando, fundada un año antes. La presentación de este tema permitía demostrar la capacidad de representar el movimiento y las emociones, además de la figura humana desnuda y en diferentes edades. Por un error administrativo no se le otorgó dicho mérito[111], pues «no habiendo acompañado memorial al vaxo relieve de don Francisco Moya, que representa la degollación de los inocentes, no hubo que decretar»[112]. Todavía es un misterio cómo Moya dio el salto a la corte y se interesó por ingresar en esta novísima institución. Lo más probable es que viajase aconsejado por el obispo Francisco Pérez de Prado, que desde 1746 residía en la capital del reino para atender sus

---

101   ADZ, Visitas pastorales, 1806, carpeta 15, s. f. (Jorcas, 13-II-1806).

102   ADZ, Visitas pastorales, 1849, n. 152, s. f. (Jorcas, 23-X-1849).

103   AHPT, José Hernández Sánchez, 1747, ff. 46-47v. (Teruel, 22-IV-1747). El contrato de esta obra fue localizado por A. M. Gimeno Picazo, *Las artes en...*, t. 4, pp. 126-128.

104   Para conocer su biografía véase *ibidem*, t. 2, pp. 212-216.

105   Para profundizar en su biografía consúltese *ibidem*, pp. 179-184.

106   Sobre su vida y obra véase *ibidem*, pp. 119-127; y S. Sebastián, S., «El Arquitecto turolense...», pp. 129-148.

107   E. Llaguno y J. A. Ceán Bermúdez, *op. cit.*, t. 4, p. 296.

108   F. Chueca Goitia, *op. cit.*, pp. 9-10.

109   A. M. Gimeno Picazo, *Las artes en...*, t. 3, p. 31.

110   ADZ, Visitas pastorales, 1849, n. 152, s. f. (Jorcas, 23-X-1849).

111   E. Serrano Fatigati, *op. cit.*, p. 185.

112   Real Academia de Bellas Artes de San Fernando (RABASF), Actas de Sesiones, 1753, f. 6 (Madrid, 10-V-1753).

Francisco Moya. Un escultor al servicio episcopal en el Teruel del siglo XVIII

28

cargos de inquisidor general, comisario general apostólico de la cruzada española y consejero de Fernando VI.

En este momento se le atribuyen dos de sus grandes obras: el retablo mayor de la desaparecida iglesia jesuítica de Teruel y su homólogo en la iglesia de San Miguel[113]. El primero quedó prácticamente destruido en la Guerra Civil y el segundo fue recolocado en la parroquial de Torres de Albarracín después de que el templo que lo acogía originalmente se retirase del culto.

En la segunda mitad del siglo, en una fecha indeterminada, por intercesión de Pérez de Prado, se intentó que participase en la decoración de un retablo dedicado a san Miguel para la iglesia de la Asunción de Nuestra Señora de Mosqueruela[114], obra que posiblemente nunca llegó a iniciarse.

Su mujer siguió residiendo en Jorcas durante varios años. De hecho, en las cédulas de comunión de 1765 se la nombra ya como viuda[115]. Junto a ella recibieron el sacramento Miguel Moya y Ramón Moya, dos hombres que no sabemos qué grado de parentesco tuvieron con el matrimonio, aunque lo lógico es pensar que fuesen sus hijos[116]. El último dato que tenemos de Moya, una vez fallecido, es de 1775. El visitador pastoral obligó a sus herederos a que se encargasen de mantener la ermita de San José fundada por la pareja años atrás, antes de que los terrenos que ayudaban a mantenerla fueran incautados en 1841:

> Se manda a los herederos de don Francisco Moya doten la hermita de Santo Josef y se obliguen a mantenerla a dicho como lo previno el testador y se da facultad al santo cura para executar a los herederos del referido[117].

PRIMERAS OBRAS DOCUMENTADAS EN TERUEL Y PROVINCIA

El coro y la sillería
de la iglesia de la Purificación de Fortanete

Como se ha comentado con anterioridad, hasta el momento, ignoramos dónde y con quién se produjo la formación de Francisco Moya y no conocemos esculturas de su juventud. Además, no podemos afirmar categóricamente que las primeras obras con las que se le ha relacionado, esto es, el coro y la sillería de la iglesia de la Purificación de Fortanete, fuesen ejecutadas por él junto al maestro de obras Pedro Gonel. Si aceptamos la hipótesis de José María Carreras Asensio, Moya fue «vecino» de este lugar porque se encontraba trabajando en uno o varios altares para este templo. Existe la posibilidad de que al ser llamado para presupuestar el coste de la sillería la obrase él

---

113 Véanse S. Sebastián, «La decoración manierista...», pp. 103-112; Id., *La expresión artística...*, p. 139.

114 J. F. Casabona Sebastián, *op. cit.*, vol. 2, p. 238.

115 Ello no nos indica que el escultor falleciese en esta fecha, pues el párroco encargado de la redacción de este documento, Joseph Villarroya, a veces añade la situación familiar de los enlistados, pero otras no. Quizás hubiese muerto antes y él no lo especificase. En ADZ, Cédulas de comunión, 1765, caja 64, s. f. (Jorcas, 1765).

116 *Idem*.

117 ADZ, Visitas pastorales, 1775, f. 393 (Jorcas, 23-V-1775).

mismo. Por desgracia, este templo fue desmantelado en la Guerra Civil. El coro lo conocemos someramente por las descripciones de las visitas pastorales dieciochescas que, sin embargo, no nos aportan pistas suficientes para poder asegurar su autoría, aunque sí para imaginar su composición en líneas generales y el uso que recibía:

> El choro tiene su silleria, fagistol y sobre el un crucifixo devoto: los libros de choro son Dominical, Psalterio, Antifonario, Missas, Breviarios y SS Nuevos; tanto de rezo como de misas. Al pie de dicho fagistol un almario cerrado, en que se guardan los libros; y dicho coro se halla en tierra firme con sus balagostas y sus puertas cerradas con llaves. El organo esta sobre el choro; y se sube por una puerta de este, tiene su puerta y llave; que la tiene el organista; y se halla dicho organo recien compuesto y añadido de algunos registros[118].

El retablo de la Invención de la Santa Cruz de la iglesia de Alba

Las primeras obras documentadas de Francisco Moya se localizan en la iglesia de la Invención de la Santa Cruz de Alba. Son un altar dedicado a la Virgen del Rosario y su retablo mayor [FIG. 1]. Santiago Sebastián descubrió unas ápocas datadas en 1738 en los libros de procura y receptoría del archivo parroquial que lo confirman. Moya recibió un total de 2.008 sueldos en dos pagos, uno de 1.000 y otro de 1.008, por sus trabajos en el último mueble citado. Además, ese mismo año, los herederos del dorador, cuya identidad se ignora, cobraron 218 sueldos y 7 dineros[119].

El artista empleó aquí dos recursos que repitió a lo largo de toda su producción: la inclusión de las escenas en relieves insertos en las casas de las calles laterales y el uso de figuras de bulto redondo para la hornacina central, referente al santo titular, y el ático. El retablo no presenta un desarrollo volumétrico en planta, como sucede con el resto de su obra más temprana en la misma localidad. Se divide en tres calles, la central más ancha que las laterales, y cuenta con sotabanco, banco y ático. Destaca el volumen del sagrario, incluido en la predela, que se adelanta en el espacio. La calle central se separa de las laterales por columnas salomónicas con decoraciones florales y capitel de orden compuesto. En los extremos, cierran la composición estípites antropomorfos [FIG. 2] engalanados con decoración *a candelieri* en sus lados externos. Este profuso aparato decorativo se completa con más ornamentación vegetal en la zona del ático —articulado igualmente por estípites—, varios angelotes con cornucopias, además de formas de rocalla. Toda la mazonería se policromó imitando mármoles veteados de colores, una característica muy habitual en la retablística del siglo XVIII.

En cuanto a la iconografía, la temática del retablo es rica y variada como sucede en muchas obras del escultor, cosa que confirma algo que ya se intuía al estudiar su biografía: siempre estuvo rodeado de mecenas cultos. Así, en Alba se ofrece una defensa de la cruz, lugar donde Jesús sufrió su calvario. Por eso la escena central se corresponde con la invención de la Santa Cruz y toda la iconografía se refiere a la vida de Cristo, de la Virgen y la Eucaristía.

En la predela aparecen, comenzando por el lado del evangelio, la oración en el huerto de Getsemaní [FIG. 3], la flagelación [FIG. 4], el *Ecce homo* [FIG. 5], Jesús con la cruz a cuestas [FIG. 6],

---

118   ADZ, Visitas pastorales, 1785, f. 429v. (Fortanete, 20-VII-1785).

119   S. Sebastián, «Viaje iconográfico por...», pp. 161-164.

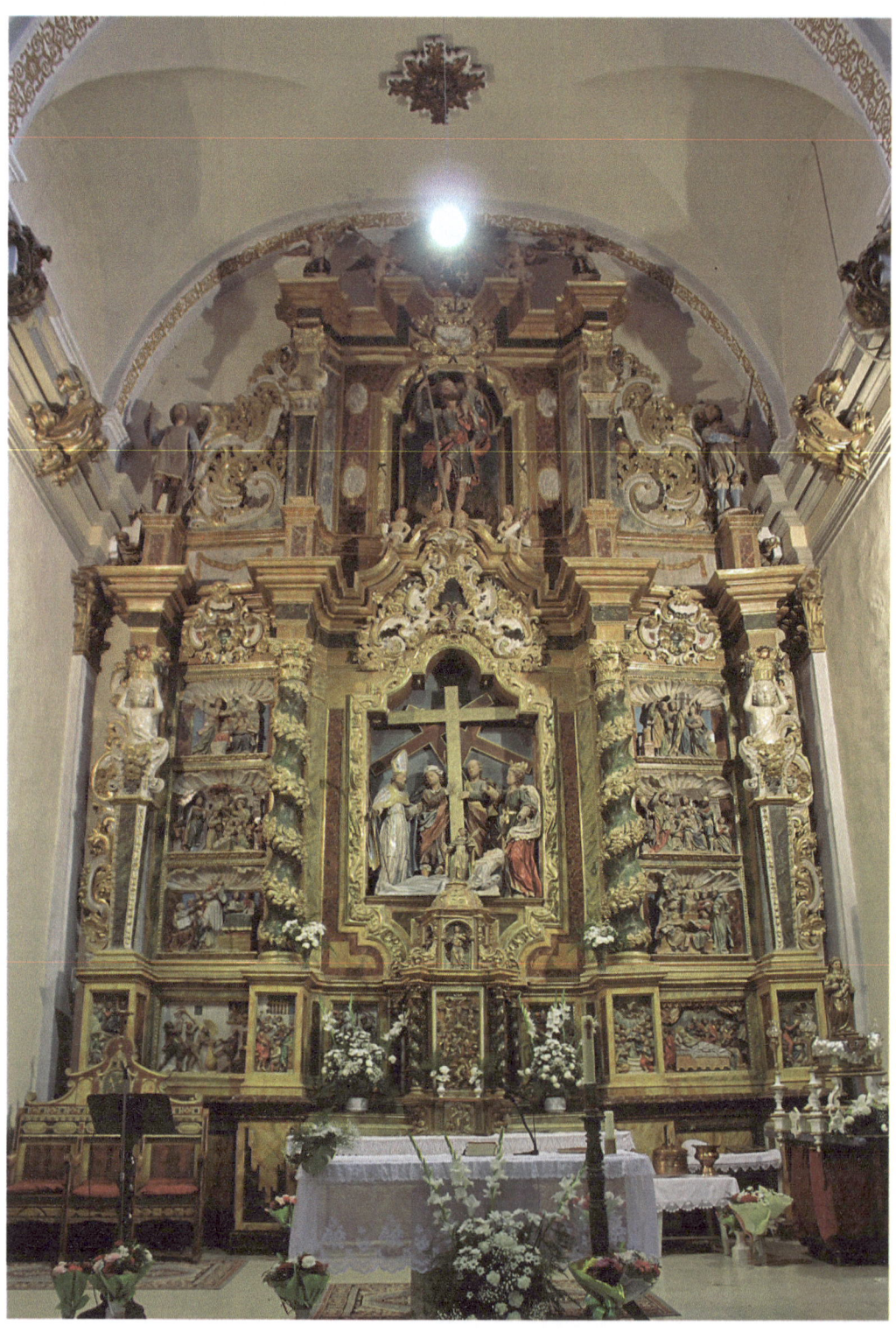

FIG. 1. **Francisco Moya, retablo mayor de la iglesia de la Invención de la Santa Cruz, Alba, Teruel, ca. 1735-1738. Imagen: el autor, 2019.**

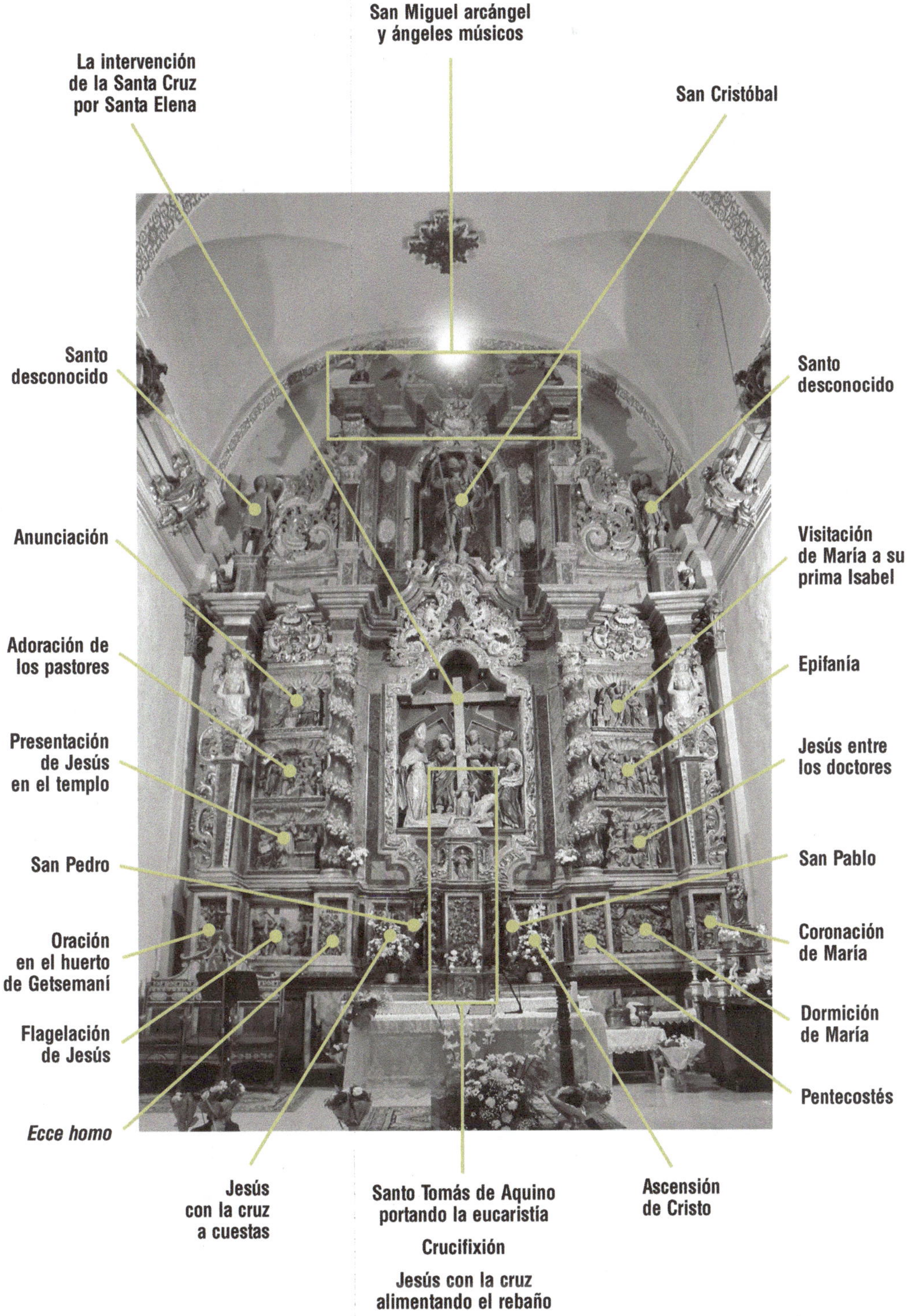

San Miguel arcángel
y ángeles músicos

San Cristóbal

La intervención
de la Santa Cruz
por Santa Elena

Santo
desconocido

Santo
desconocido

Anunciación

Visitación
de María a su
prima Isabel

Adoración de
los pastores

Epifanía

Presentación
de Jesús
en el templo

Jesús entre
los doctores

San Pedro

San Pablo

Oración
en el huerto
de Getsemaní

Coronación
de María

Flagelación
de Jesús

Dormición
de María

Ecce homo

Pentecostés

Jesús
con la cruz
a cuestas

Santo Tomás de Aquino
portando la eucaristía

Ascensión
de Cristo

Crucifixión

Jesús con la cruz
alimentando el rebaño

Francisco Moya. Un escultor al servicio episcopal en el Teruel del siglo XVIII

32

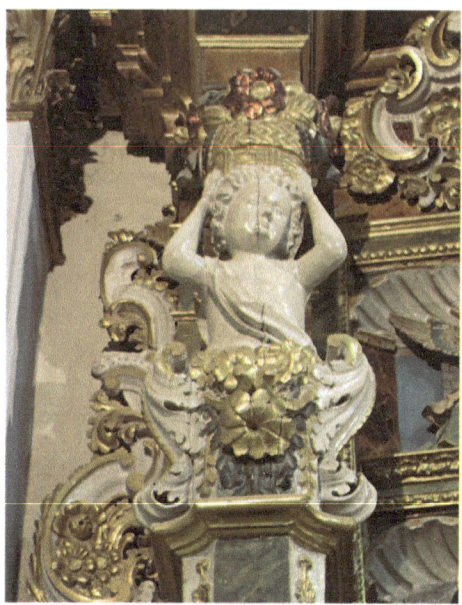

FIG. 2. **Francisco Moya, estípite antropomorfo, retablo mayor de la iglesia de la Invención de la Santa Cruz, Alba, Teruel, ca. 1735-1738. Imagen: el autor, 2019.**

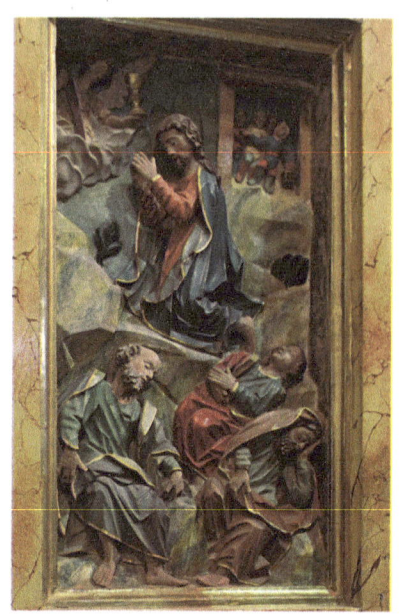

FIG. 3. **Francisco Moya, oración en el huerto de Getsemaní, retablo mayor de la iglesia de la Invención de la Santa Cruz, Alba, Teruel, ca. 1735-1738. Imagen: el autor, 2019.**

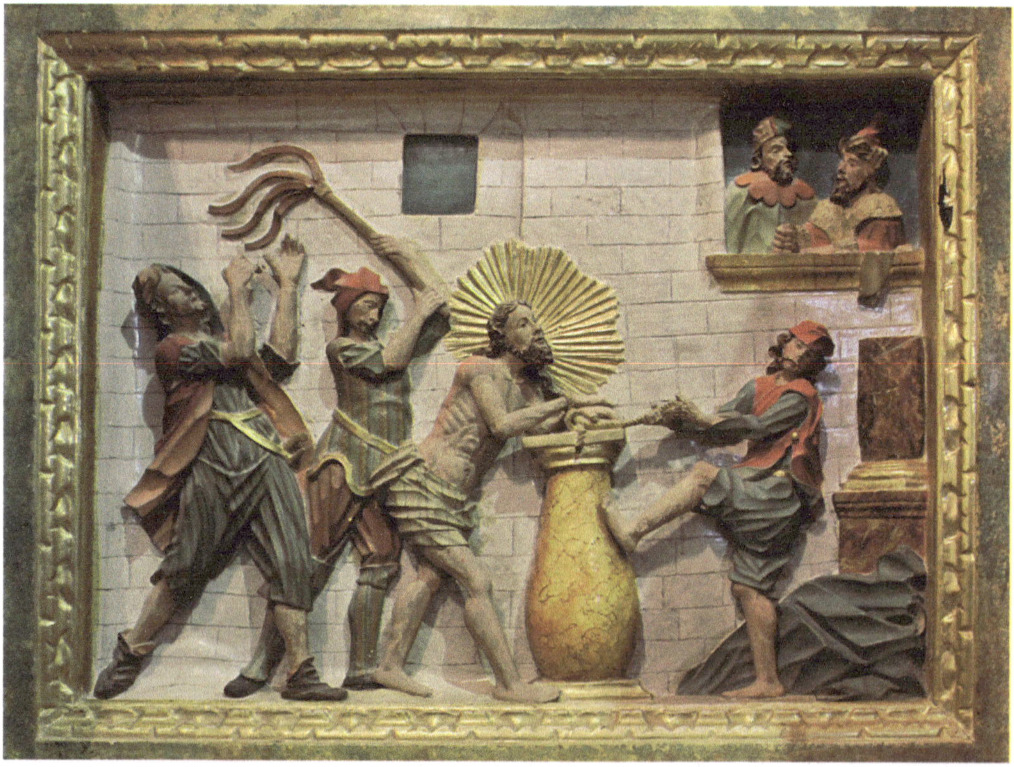

FIG. 4. **Francisco Moya, flagelación de Jesús, retablo mayor de la iglesia de la Invención de la Santa Cruz, Alba, Teruel, ca. 1735-1738. Imagen: el autor, 2019.**

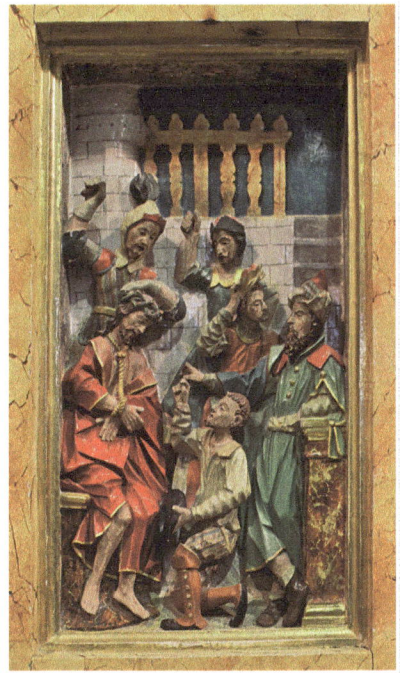

FIG. 5. **Francisco Moya, *Ecce homo*, retablo mayor de la iglesia de la Invención de la Santa Cruz, Alba, Teruel, ca. 1735-1738. Imagen: el autor, 2019.**

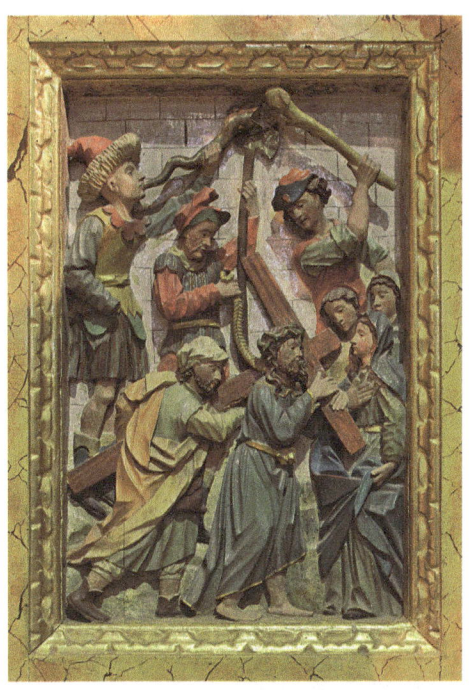

FIG. 6. **Francisco Moya, Cristo con la cruz a cuestas, retablo mayor de la iglesia de la Invención de la Santa Cruz, Alba, Teruel, ca. 1735-1738. Imagen: el autor, 2019.**

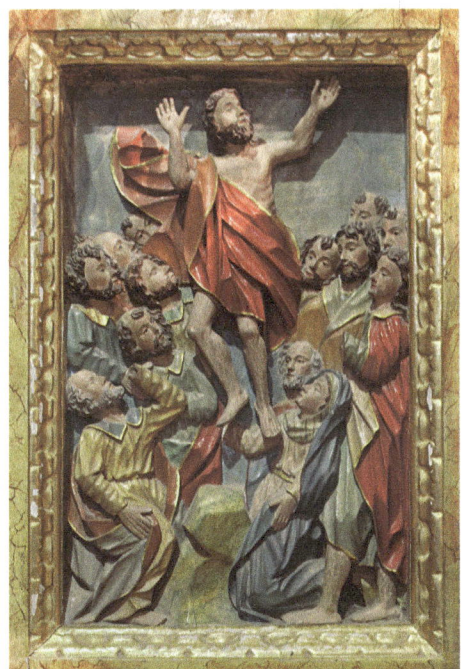

FIG. 7. **Francisco Moya, ascensión de Cristo, retablo mayor de la iglesia de la Invención de la Santa Cruz, Alba, Teruel, ca. 1735-1738. Imagen: el autor, 2019.**

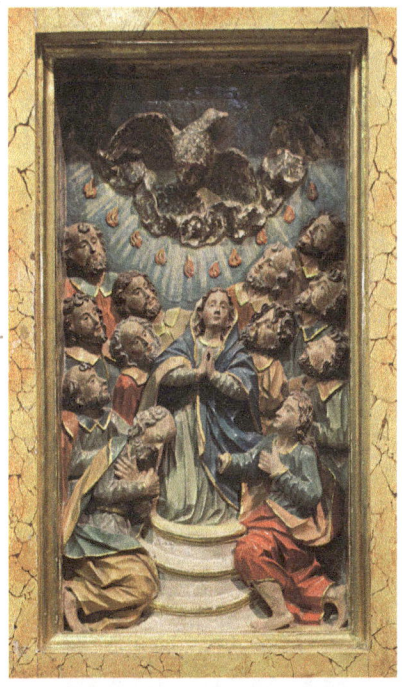

FIG. 8. **Francisco Moya, pentecostés, retablo mayor de la iglesia de la Invención de la Santa Cruz, Alba, Teruel, ca. 1735-1738. Imagen: el autor, 2019.**

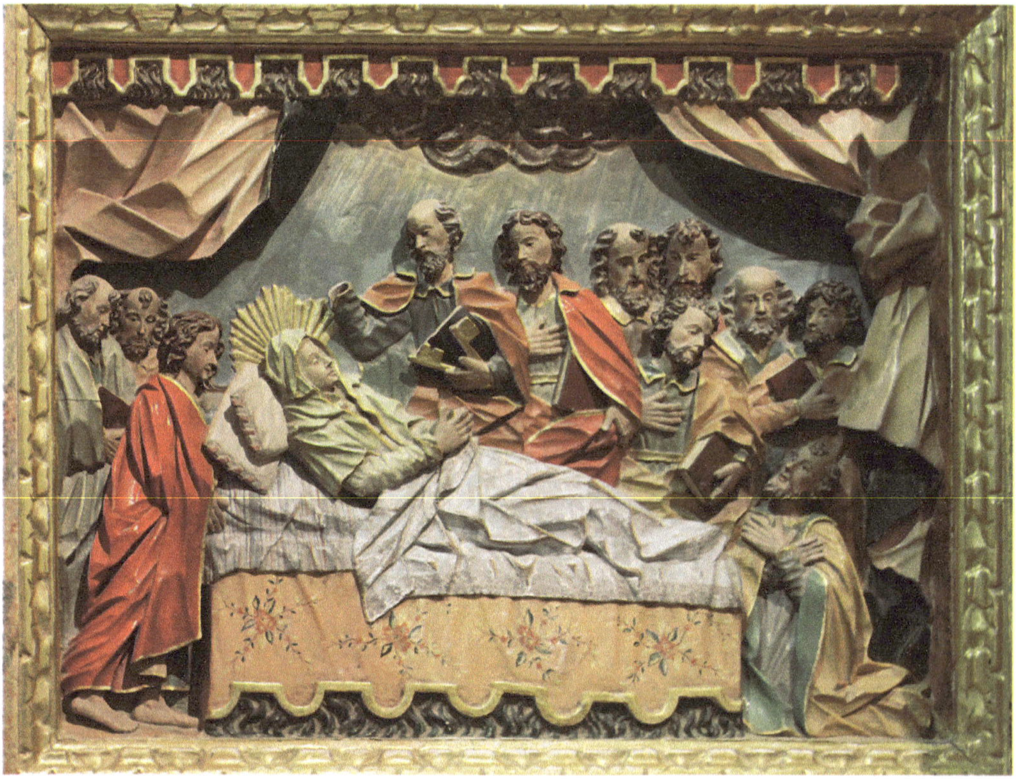

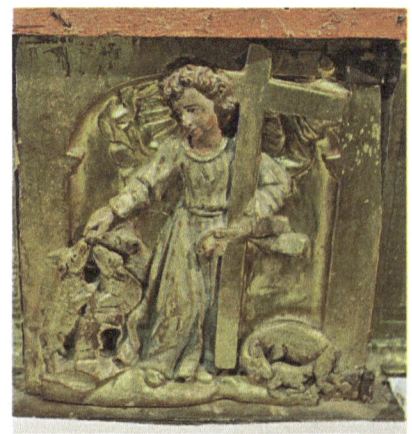

FIG. 9. **Francisco Moya, dormición de María, retablo mayor de la iglesia de la Invención de la Santa Cruz, Alba, Teruel, ca. 1735-1738. Imagen: el autor, 2019.**

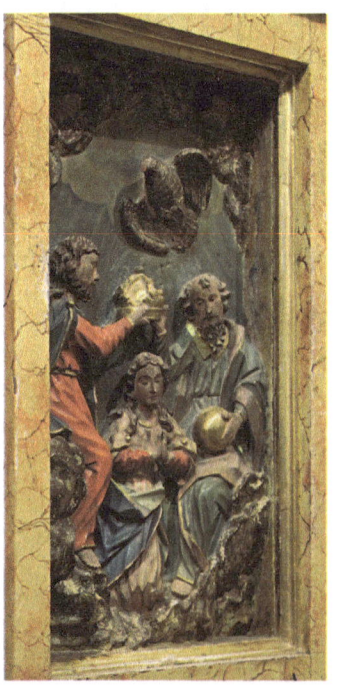

FIG. 10. **Francisco Moya, coronación de María, retablo mayor de la iglesia de la Invención de la Santa Cruz, Alba, Teruel, ca. 1735-1738. Imagen: el autor, 2019.**

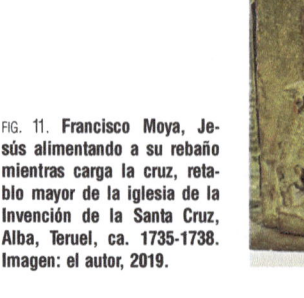

FIG. 11. **Francisco Moya, Jesús alimentando a su rebaño mientras carga la cruz, retablo mayor de la iglesia de la Invención de la Santa Cruz, Alba, Teruel, ca. 1735-1738. Imagen: el autor, 2019.**

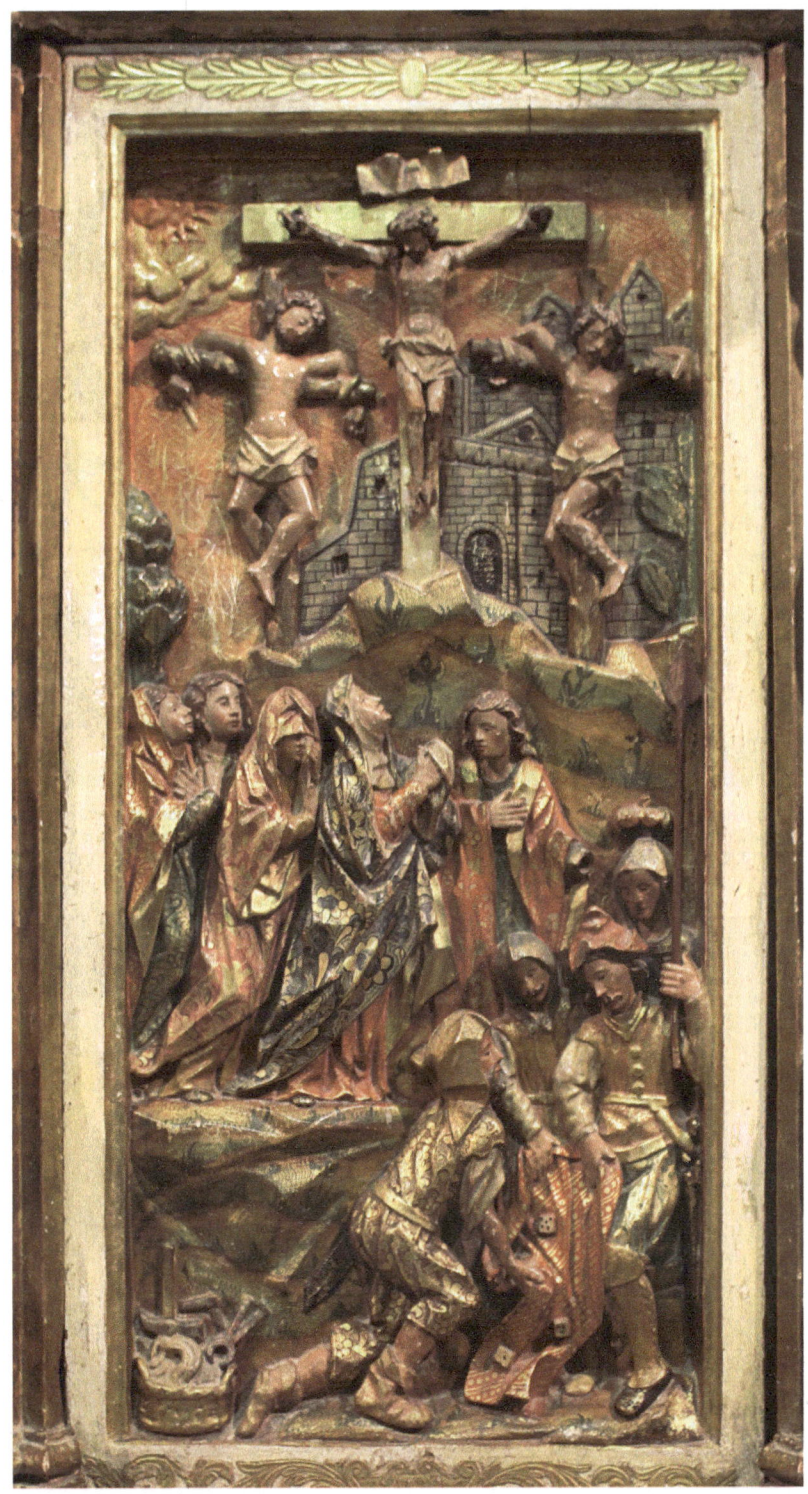

FIG. 12. **Francisco Moya, crucifixión, retablo mayor de la iglesia de la Invención de la Santa Cruz, Alba, Teruel, ca. 1735-1738. Imagen: el autor, 2019.**

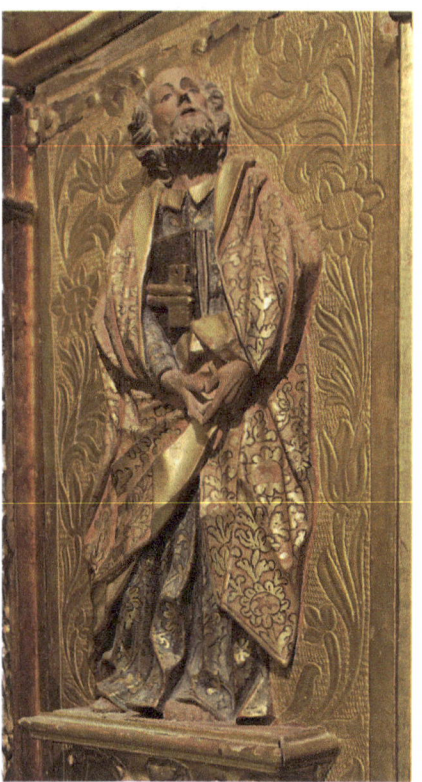

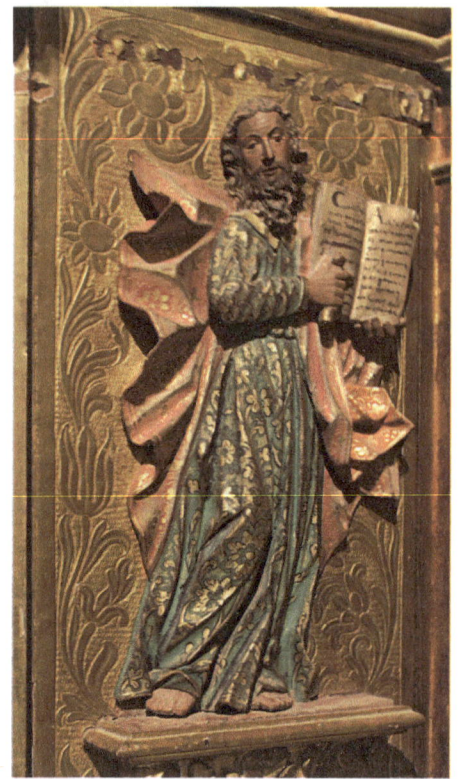

FIG. 13. **Francisco Moya, san Pedro, retablo mayor de la iglesia de la Invención de la Santa Cruz, Alba, Teruel, ca. 1735-1738. Imagen: el autor, 2019.**

FIG. 14. **Francisco Moya, san Pablo, retablo mayor de la iglesia de la Invención de la Santa Cruz, Alba, Teruel, ca. 1735-1738. Imagen: el autor, 2019.**

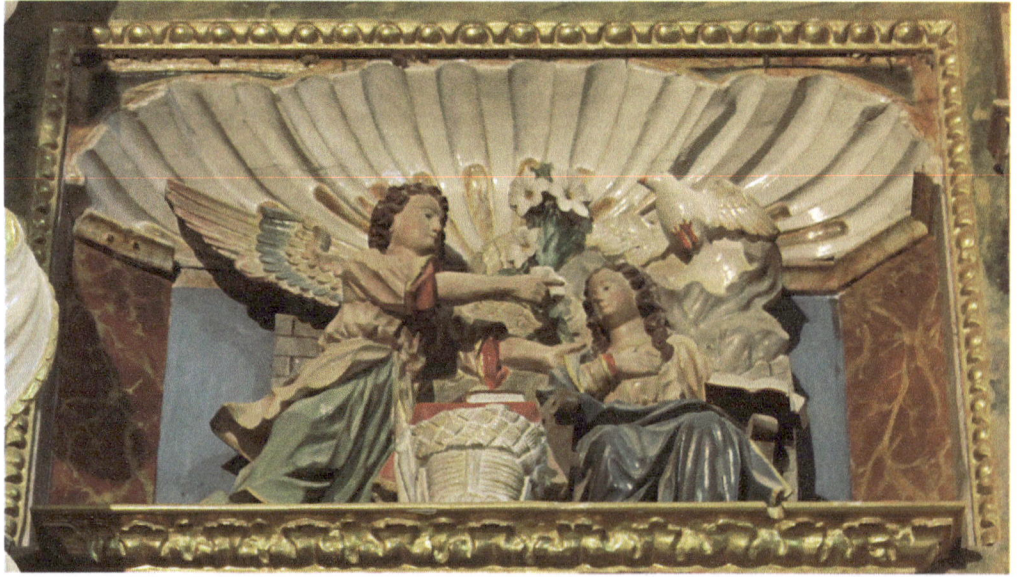

FIG. 15. **Francisco Moya, anunciación, retablo mayor de la iglesia de la Invención de la Santa Cruz, Alba, Teruel, ca. 1735-1738. Imagen: el autor, 2019.**

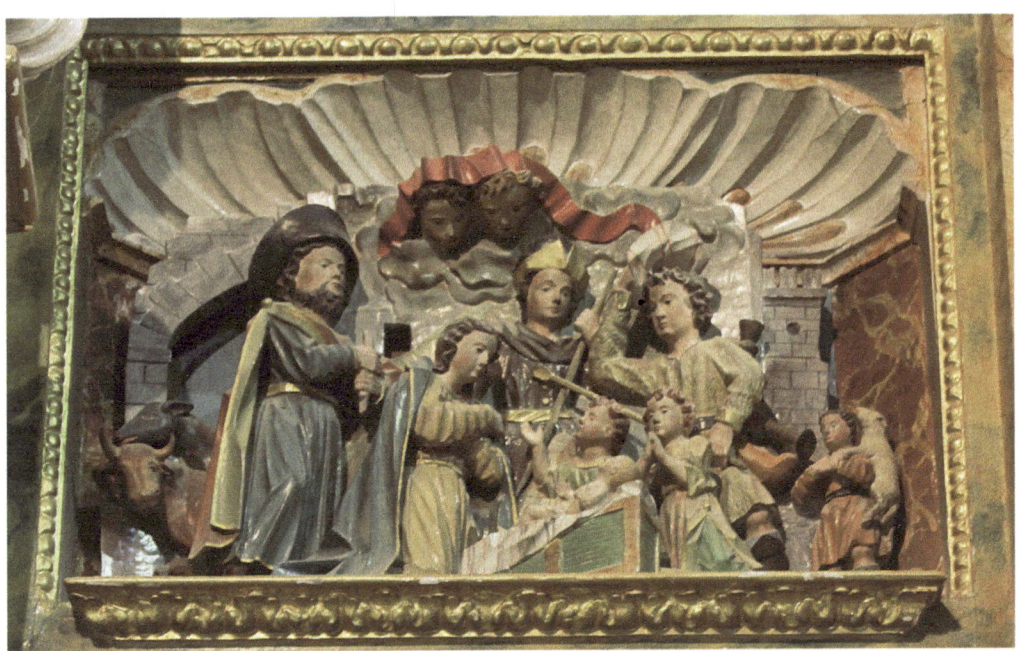

FIG. 16. **Francisco Moya, adoración a los pastores, retablo mayor de la iglesia de la Invención de la Santa Cruz, Alba, Teruel, ca. 1735-1738. Imagen: el autor, 2019.**

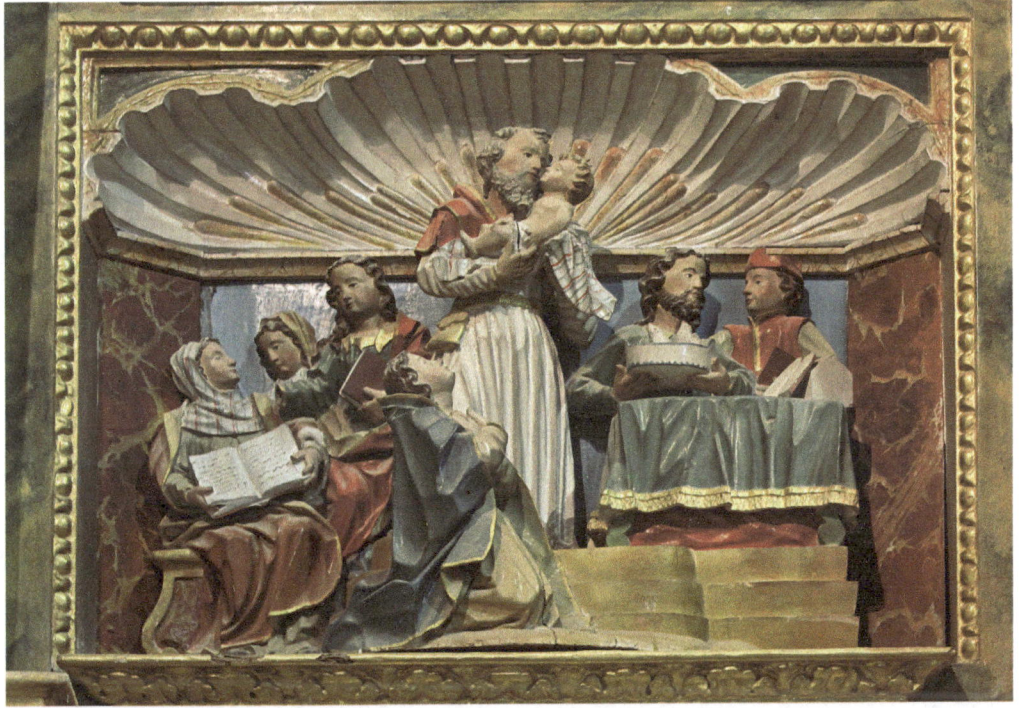

FIG. 17. **Francisco Moya, presentación de Jesús en el templo, retablo mayor de la iglesia de la Invención de la Santa Cruz, Alba, Teruel, ca. 1735-1738. Imagen: el autor, 2019.**

Francisco Moya. Un escultor al servicio episcopal en el Teruel del siglo XVIII

38

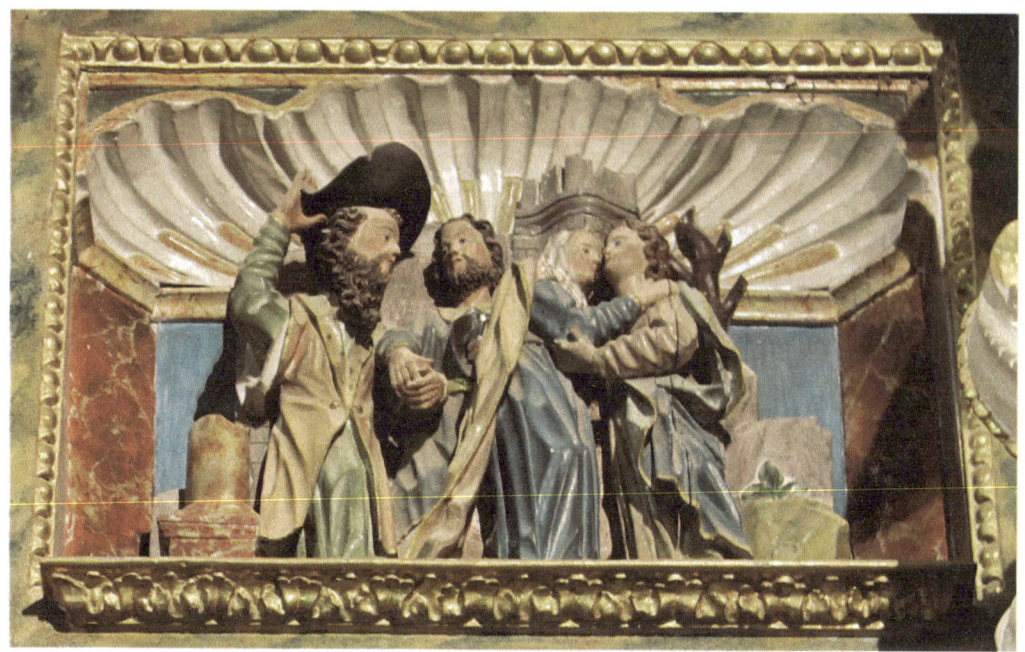

FIG. 18. **Francisco Moya, visitación de María a Isabel, retablo mayor de la iglesia de la Invención de la Santa Cruz, Alba, Teruel, ca. 1735-1738. Imagen: el autor, 2019.**

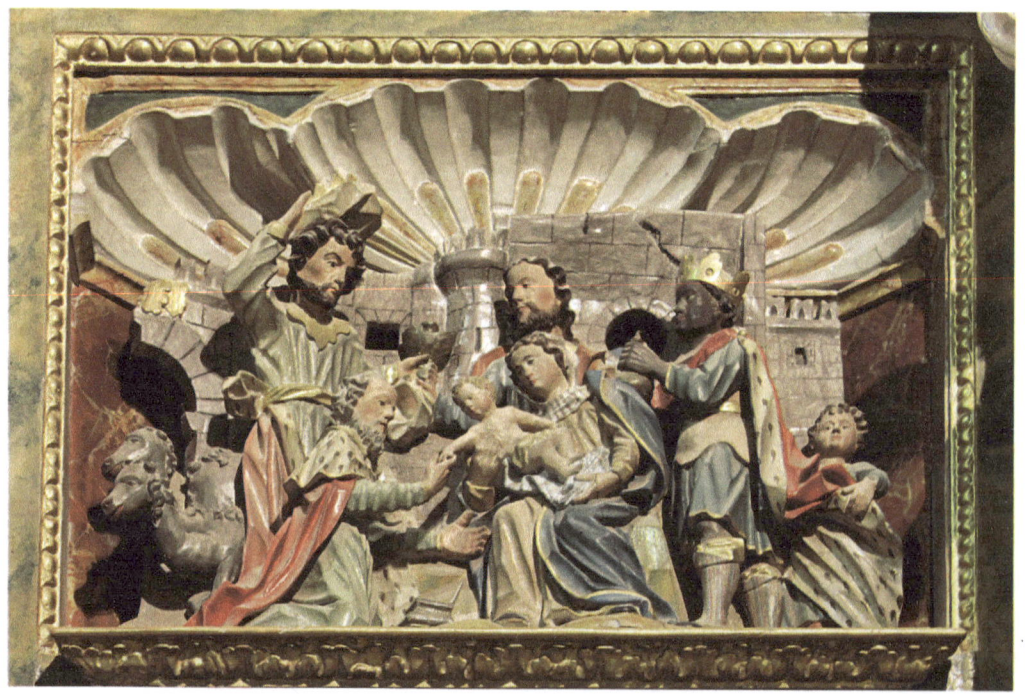

FIG. 19. **Francisco Moya, epifanía, retablo mayor de la iglesia de la Invención de la Santa Cruz, Alba, Teruel, ca. 1735-1738. Imagen: el autor, 2019.**

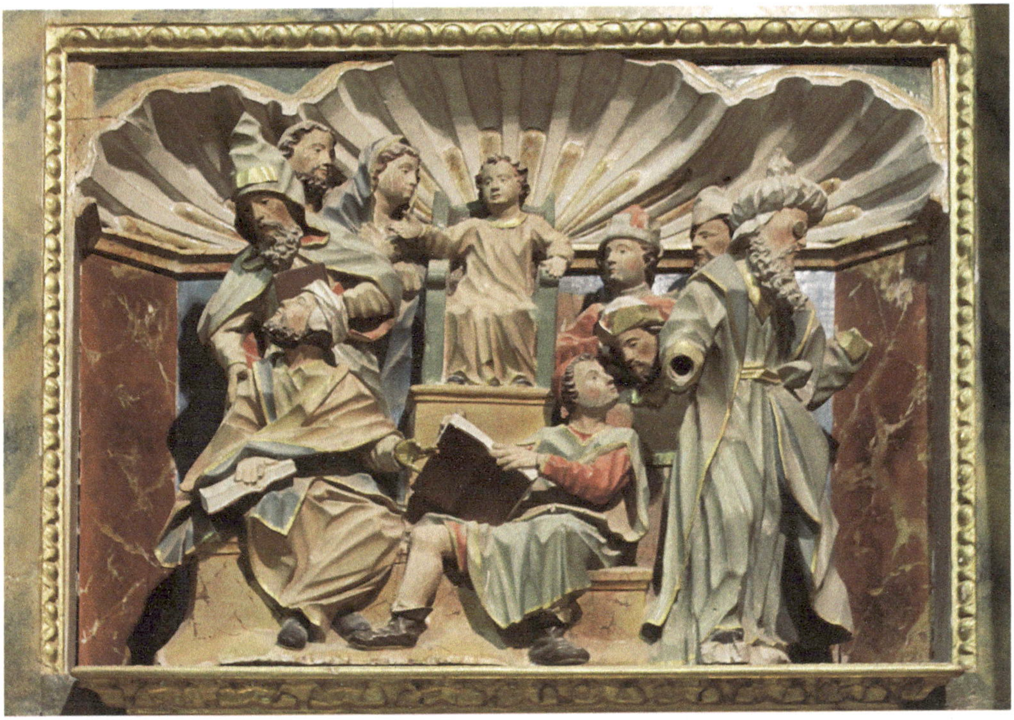

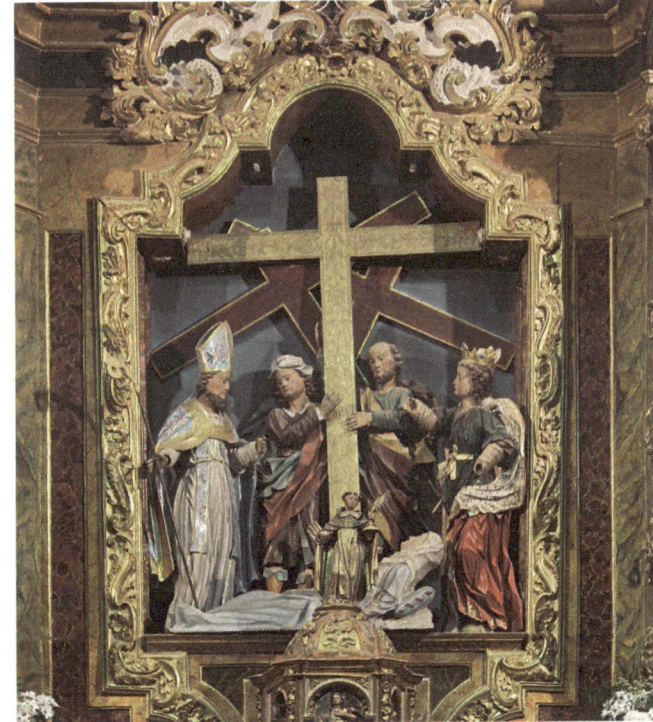

FIG. 20. **Francisco Moya, Jesús entre los doctores, retablo mayor de la iglesia de la Invención de la Santa Cruz, Alba, Teruel, ca. 1735-1738. Imagen: el autor, 2019.**

FIG. 21. **Francisco Moya, invención de la Santa Cruz (santa Helena y el obispo Macario de Jerusalén en el momento del hallazgo de las tres cruces y la sanación de una enferma por la Vera Cruz), retablo mayor de la iglesia de la Invención de la Santa Cruz, Alba, Teruel, ca. 1735. Imagen: el autor, 2019.**

la ascensión de Cristo [FIG. 7], el pentecostés [FIG. 8], la dormición [FIG. 9] y la coronación de María [FIG. 10]. En la puerta del sagrario, colocado en el centro del banco, se representa la crucifixión [FIG. 12], Jesús imberbe que porta la cruz mientras alimenta al rebaño abajo [FIG. 11] y Tomás de Aquino sujetando la hostia dentro de un viril arriba. A los lados, vemos a san Pedro [FIG. 13] y san Pablo [FIG. 14]. En la calle lateral izquierda se localiza la anunciación [FIG. 15], la adoración de los pastores [FIG. 16] y la presentación de Jesús en el templo [FIG. 17] y, en el lado derecho, la visitación de María a Isabel [FIG. 18], la epifanía [FIG. 19] y Jesús entre los doctores [FIG. 20].

En la calle central, presidiendo el conjunto, se esculpió el tema de la invención de la Santa Cruz [FIG. 21]. La madre de Constantino, santa Helena, coronada, está acompañada por el obispo Macario, portador de la mitra y el báculo, en el momento del hallazgo de tres cruces en Jerusalén. Diferenciamos la Vera Cruz porque está dorada y dispuesta en primer plano, siendo transportada por un hombre y una mujer vestidos a la antigua. Para confirmar que se trata de la verdadera, en la que padeció y murió Cristo, la acercan a una enferma recostada que se está incorporando, pues la tradición asegura que al tocarla se curó milagrosamente[120].

Por último, en el ático, en la calle central, aparece san Cristóbal bajo el arcángel Miguel acompañado de una corte de ángeles músicos. Esta parte del retablo está flanqueada por dos santos que no se alcanza a identificar. El primero porta lo que parece un bastón y el segundo lo que aparenta ser un palo y una pala, pero que por la lejanía de las esculturas no se puede precisar[121].

El retablo de la Virgen del Rosario de la iglesia de Alba

También en la parroquial de Alba, en la primera capilla del lado del evangelio, la cofradía de la Virgen del Rosario contrató a Moya para obrar un retablo dedicado a esta advocación [FIG. 22], muy extendida en el valle del Jiloca. Por él percibió 150 escudos valencianos el 15 de noviembre de 1735[122]. Aquí llevó a cabo soluciones parecidas a las que había desarrollado en el altar anterior, pero a una escala menor. Lo estructuró en tres calles que, en este caso, acogen únicamente esculturas de bulto redondo separadas mediante columnas de fuste salomónico con ornatos florales y estípites con capiteles de orden compuesto.

En el banco esculpió dos rosarios, aludiendo simbólicamente a la Virgen[123]. En el centro de ambos se colocó un Cristo resucitado, reconvertido en san Cristóbal con un niño a sus espaldas[124]. En la hornacina central vemos a la Virgen del Rosario sosteniendo al niño Jesús y, sobre su cabeza, el

120 Santiago Sebastián pensó que podía tratarse de Andrés, obispo de Fondi, pero el relato de los hechos nombra explícitamente a Macario de Jerusalén. Léase la historia de la invención de la Santa Cruz que narra A. DE VILLEGAS, *Flos sanctorum: historia general de la vida, y hechos de Jesu-Christo, Dios, y Señor nuestro, y de los santos de que reza, y hace fiesta la Iglesia catholica*, Barcelona, Isidro Aguasvivas, 1794, pp. 325-327.

121 En el pasado pensamos que se trataba de san Mauro y de san Gil, pero se ha descartado esa idea.

122 S. SEBASTIÁN, «Viaje iconográfico por...», pp. 167 y 175-176.

123 *Ibidem*, p. 168.

124 Pensamos que en origen era Cristo porque con su mano bendice y sujeta una cruz.

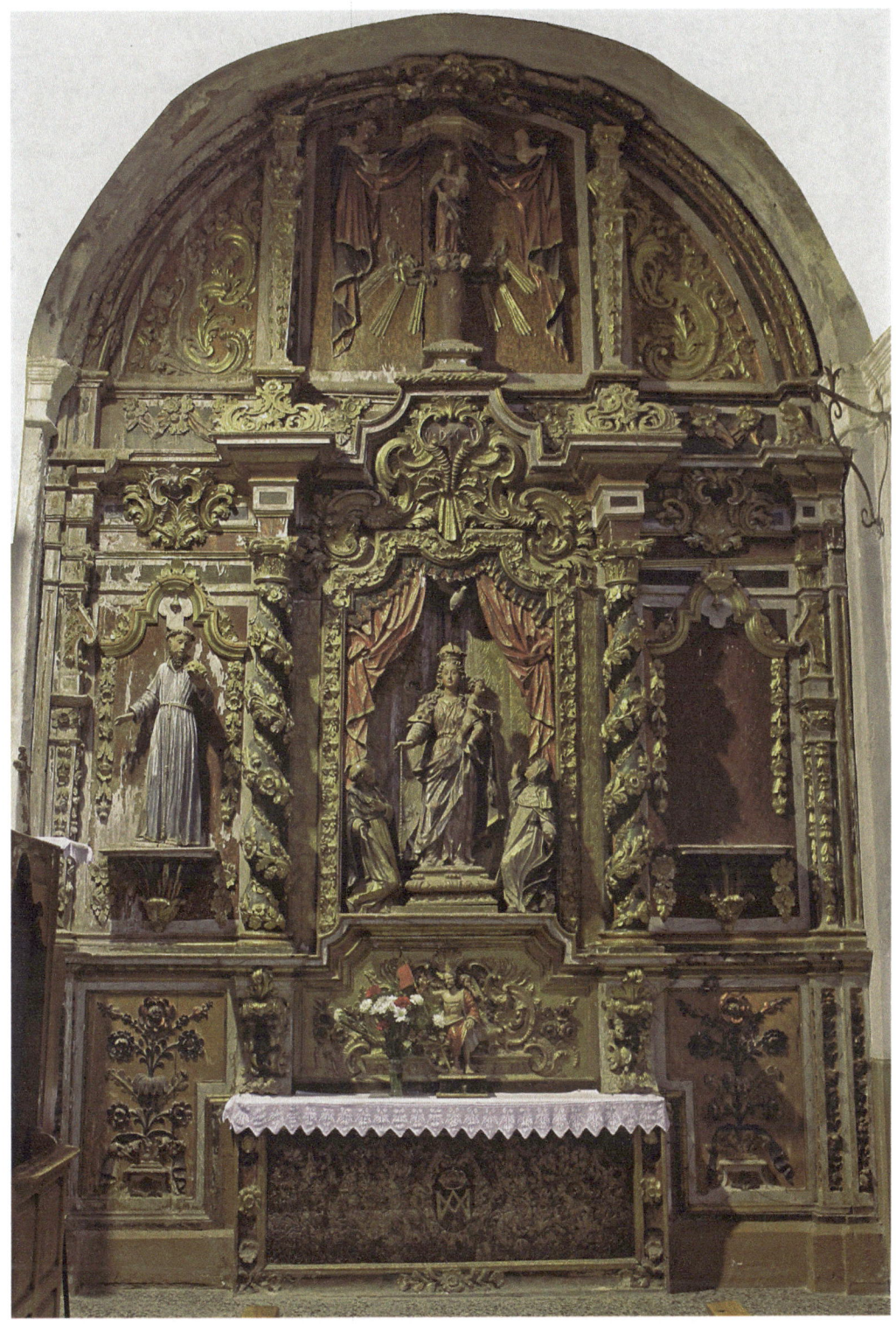

FIG. 22. **Francisco Moya, retablo de la Virgen del Rosario, iglesia de la Invención de la Santa Cruz, Alba, Teruel, ca. 1735. Imagen: el autor, 2019.**

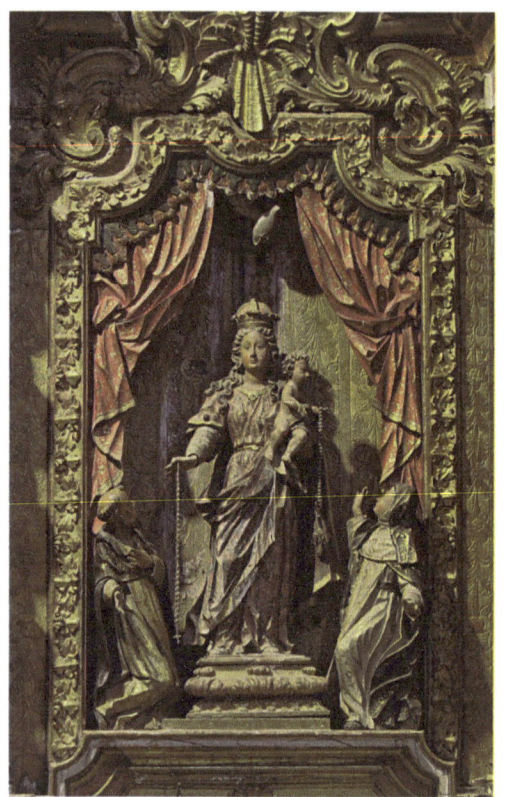

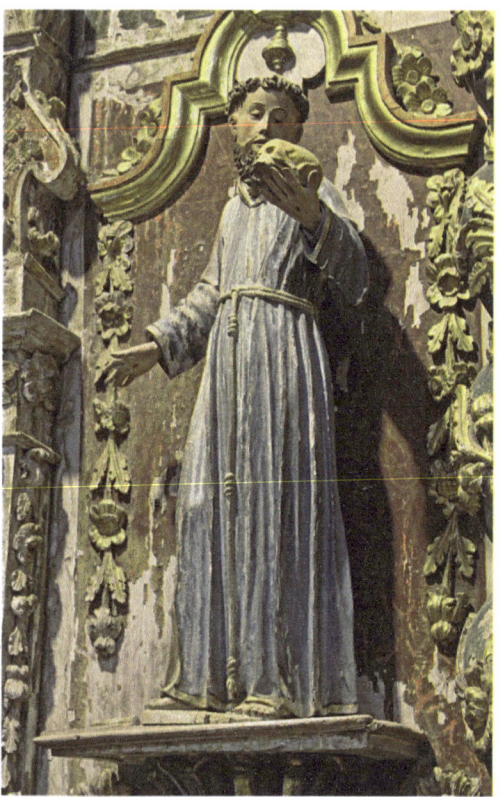

FIG. 23. **Francisco Moya, Virgen del Rosario con el niño junto a santo Domingo y santa Catalina, iglesia de la Invención de la Santa Cruz, Alba, Teruel, ca. 1735. Imagen: el autor, 2019.**

FIG. 24. **Francisco Moya, san Francisco de Asís, retablo de la Virgen del Rosario, iglesia de la Invención de la Santa Cruz, Alba, Teruel, ca. 1735. Imagen: el autor, 2019.**

Espíritu Santo apareciendo sorpresivamente detrás de unos teatrales cortinajes. A su lado, santo Domingo de Guzmán y su homóloga dominica, santa Catalina [FIG. 23], se giran con actitud declamativa para adorarla. En la calle lateral izquierda san Francisco penitente sostiene una calavera [FIG. 24]. La figura con la que hacía pareja se ha perdido, pero debía tratarse de santa Clara de Asís como es habitual en esta iconografía. La Virgen del Pilar corona el conjunto en el ático, situada bajo un dosel con cortinas que sostienen dos angelotes, recurso muy repetido en toda su producción posterior. Cartelas con rocallas y guirnaldas de flores completan el exorno de esta obra.

El retablo de la Inmaculada de la iglesia de San Pedro de Teruel

En la misma cronología, entre 1732 y 1735, se le ha atribuido el retablo de la Inmaculada de la iglesia de San Pedro de Teruel[125] [FIG. 25]. La capilla fue costeada por el obispo Pérez de Prado[126], hecho que explica su advocación mariana. Aquí el mueble es plano y está encajado en la pared,

125   J. L. MORALES Y MARÍN, *op. cit.*, pp. 37-39.

126   A. M. GIMENO PICAZO, *Las artes en...*, t. 1, p. 357.

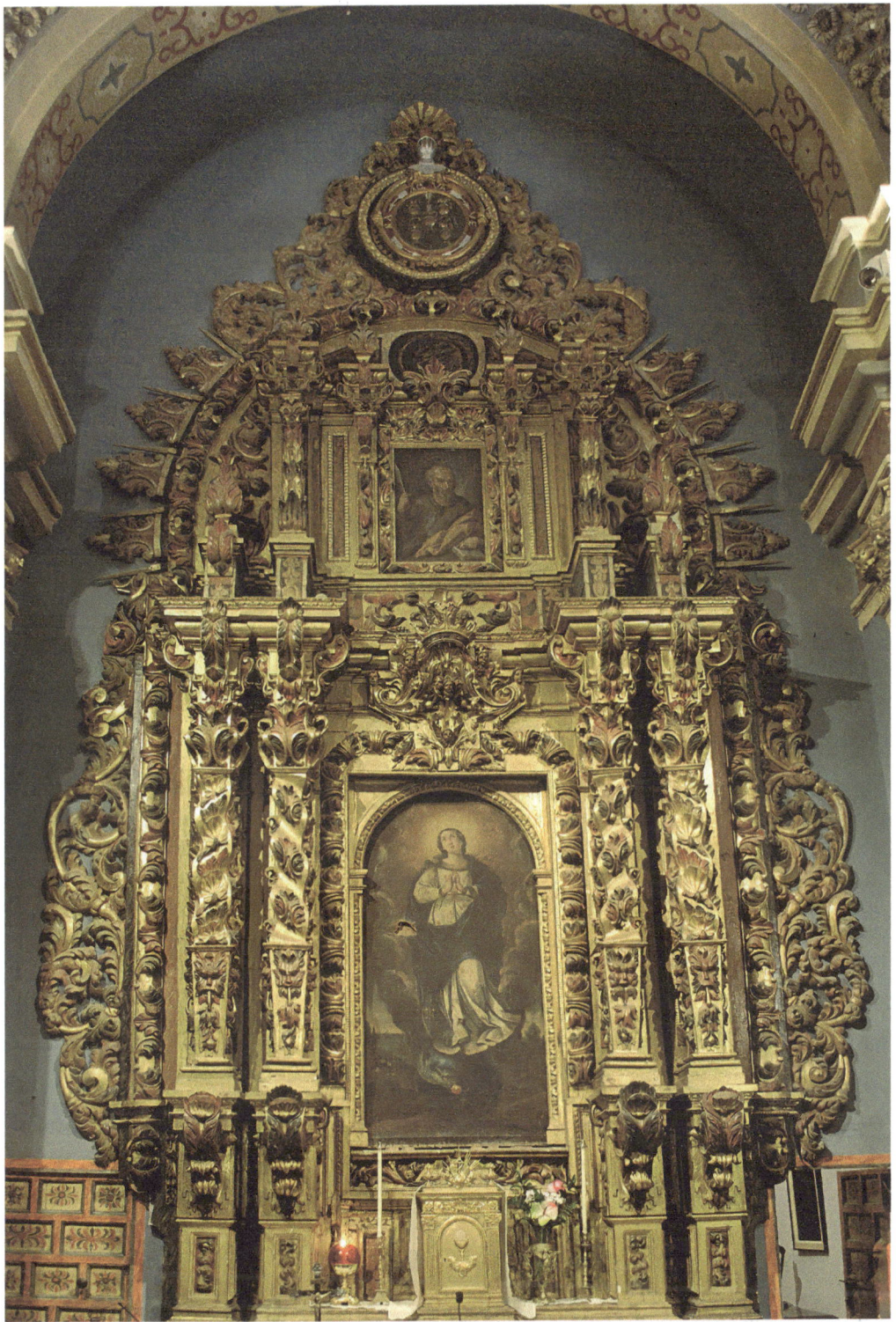

FIG. 25. **Autor desconocido, retablo de la Inmaculada, iglesia de San Pedro, Teruel, ca. 1732-1735. Imagen: el autor, 2018.**

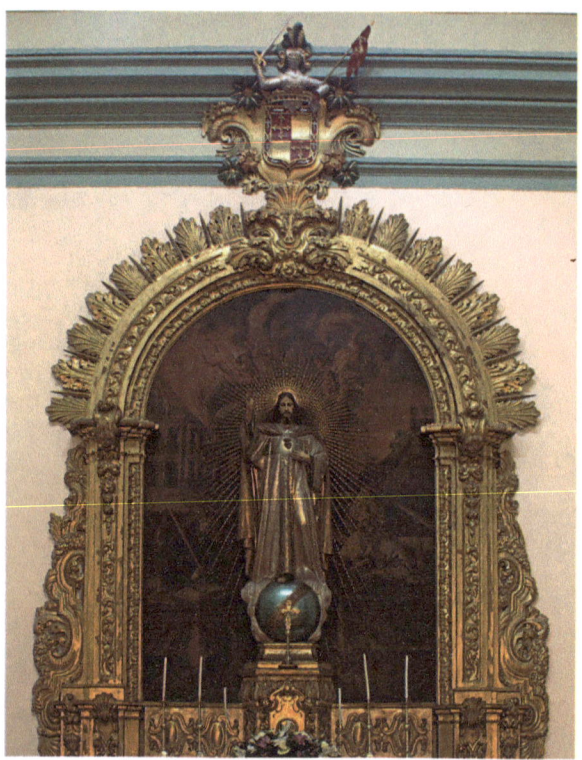

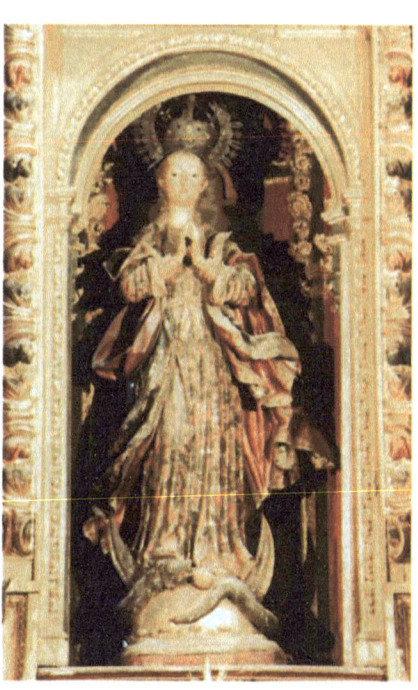

FIG. 27. **Francisco Moya, Inmaculada, retablo de la Inmaculada, iglesia de San Pedro, Teruel, ca. 1732-1735.** Imagen: Ana María Gimeno, 2003. Reproducida en A. M. GIMENO PICAZO, *Las artes en Teruel en el siglo XVIII*, Departamento de Historia del Arte de la Universidad de Zaragoza, 2003, t. 1, p. 359.

FIG. 26. **Autor desconocido, retablo del Sagrado Corazón, iglesia de San Andrés, Teruel, década de 1730.** Imagen: el autor, 2018.

consta de un único registro, con mayor profusión decorativa y el escudo de la familia Aguavera, patrones de la capilla, como remate. Sirve de marco de un lienzo de la Inmaculada, en la calle central, y de un apóstol o doctor, en el ático, flanqueados por estípites adornados con hojas de acanto, cabezas de querubines y rayos solares. Estructuralmente se aleja de las soluciones formales utilizadas por Moya, por eso pensamos que no se le debe atribuir. Recuerda más a los retablos de la Virgen Milagrosa y del Sagrado Corazón [FIG. 26] de la iglesia de San Andrés, ambos de cronología coincidente[127].

La pintura de la Inmaculada actúa de puerta, pues se aparta para descubrir una escultura del mismo tema [FIG. 27] que normalmente solo es visible desde el interior de la sacristía. Esta es similar a otras tallas del escultor, principalmente por el tratamiento de los paños movidos por el viento y su actitud de avance. Estas características, de hecho, recuerdan al san Juan del retablo mayor de la iglesia de San Juan, a la Virgen de la hornacina central del mueble de la iglesia de San Miguel y a su equivalente de la capilla de la Inmaculada Concepción y la Virgen del Pilar de la catedral.

127 Posiblemente los tres pertenezcan a un mismo taller, aunque la falta de datos documentales dificulta hacer una atribución. Acúdase a las descripciones y fotografías que aparecen en *ibidem*, t. 1, pp. 291-296.

SU ASCENSO A LA CATEDRAL DE SANTA MARÍA DE MEDIAVILLA

El retablo de la Inmaculada Concepción

Tras estos primeros trabajos, Moya ascendió a la catedral de Santa María de Mediavilla, donde trabajó ininterrumpidamente desde 1739 hasta 1743 en varias obras para el obispo Francisco Pérez de Prado. En este momento se produjo un salto cualitativo hacia relieves de mayor complejidad narrativa y el uso de escenografías más efectistas gracias a la introducción de formas cóncavas y convexas que penetran en el espacio del espectador.

Su primera obra para la seo turolense se sitúa en la capilla de la Inmaculada Concepción, detrás del altar mayor. En los años 50 del siglo pasado el sacerdote César Tomás Laguía documentó el pago de 240 sueldos al artífice en 1739 por la realización de un escudo episcopal en la parte alta del retablo[128] [FIG. 28]. A partir de entonces se le atribuyó en su totalidad, aunque esta hipótesis todavía no se ha podido confirmar documentalmente. Sin embargo, por los recursos formales empleados, el rictus de las figuras y la organización de las escenas, esta parece la suposición más acertada.

El retablo [FIG. 29] consta de sotabanco, banco, cuerpo de tres calles y ático. Las tres calles del cuerpo se articulan con columnas muy similares a las de los dos altares de Alba, aquí sujetas por pequeños atlantes. Igualmente, remarca la importancia de los personajes principales incluyéndolos bajo doseles y cortinas.

El banco se reservó para los relieves historiados que presentan el pecado de Adán y Eva [FIG. 30] y su expulsión del Paraíso [FIG. 31], Ester frente a Amán [FIG. 32], el sueño de Jacob [FIG. 33], la aparición de Cristo a la Virgen, la visión de Santiago de la Virgen del Pilar, el traslado del arca de la alianza desde Baalat a Jerusalén[129] [FIG. 34] y Judit con la cabeza de Holofernes [FIG. 35]. Debido a la presencia de diferentes cultos a María, a veces se ha cuestionado la unidad de su programa iconográfico, visto como una «acumulación de temas marianos»[130], aunque esto responde a que la Inmaculada Concepción y la Virgen del Pilar compartieron la titularidad de la capilla. De este hecho nos informa la fundación de una capellanía por Salvador Soriano, inquisidor de Valencia, y Joseph de Aguavera, regidor de Teruel, «bajo la invocacion de la Inmaculada Concepcion de Maria Santisima con el titulo assimismo del Pilar, que existe detras del altar mayor de dicha iglesia»[131].

En el centro del cuerpo la Virgen se abre paso entre cortinajes descorridos por ángeles que cuelgan de un baldaquino con su emblema [FIG. 36]. Se acompaña de una comitiva de querubines y se alza sobre la luna mientras pisa al demonio, este con forma de serpiente que muerde la fruta del Paraíso. A su lado, de menor tamaño, se disponen un santo eremita, seguramente san Francisco de Paula[132], de factura moderna, y san José con el niño en brazos. En las calles laterales san Joa-

---

128 C. Tomás Laguía, *op. cit.*, p. 85.

129 En concreto, representa el momento en el que los bueyes que tiraban del Arca se revolvieron contra Oza y lo mataron (Samuel II: 6, 1-8).

130 A. M. Gimeno Picazo, *Las artes en...*, t. 1, p. 339.

131 AHPT, Pedro de Assin, 1738, f. 9 (Teruel, 31-I-1738). La fecha del encabezamiento de este folio, los precedentes y los posteriores, corresponde al año 1738, pero está inserto dentro de la rúbrica del año 1737.

132 S. Sebastián y Á. Solaz, *op. cit.*, p. 90. En ocasiones se ha identificado como san Francisco de Asís, pero su indumentaria y atributos no parecen los de este personaje que, por otra parte, ya aparece en el ático caracterizado con el hábito franciscano. Véase A. M. Gimeno Picazo, *Las artes en...*, t. 1, p. 340.

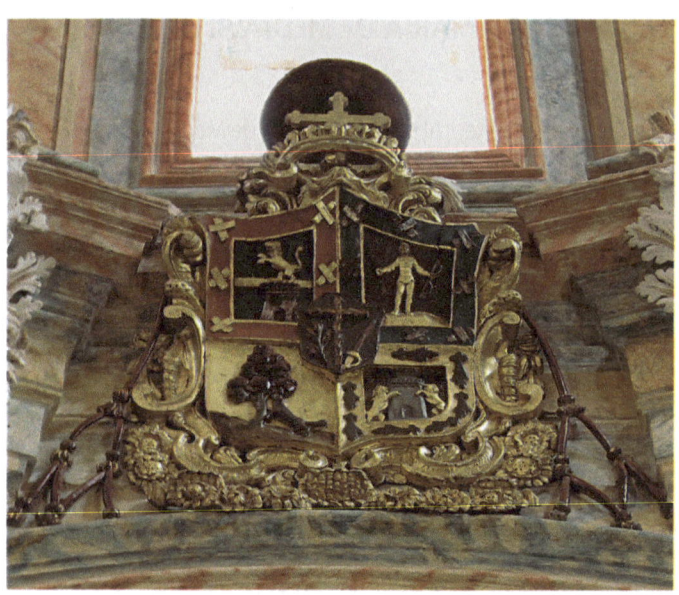

FIG. 28. **Francisco Moya, escudo de Francisco Pérez de Prado, capilla de la Inmaculada Concepción, catedral de Santa María de Mediavilla, Teruel, 1739. Imagen: el autor, 2019.**

quín [FIG. 37] y santa Ana [FIG. 38], con rostro impasible y sereno, contrastan con el movimiento y la expresión del resto del conjunto. Sobre ellos se ubican dos relieves relativos a la vida del padre de la Virgen: la anunciación a san Joaquín y la expulsión de este del templo. En el ático [FIG. 39], en un plano diferenciado gracias a las formas mixtilíneas de la cornisa y el fondo de su casa, Dios Padre emerge de una masa informe mientras es acogido por ángeles músicos y otros seres celestiales que le ofrecen el orbe. A su lado, a la izquierda, un personaje que se ha identificado como Santiago, pero que creemos que también podría ser san José, recibe una vara de un ángel y, a la derecha, san Francisco de Asís visualiza el cuerpo doliente de Cristo en forma de serafín en el momento de la recepción de los estigmas.

Para entender este retablo, encargado por el obispo Pérez de Prado, debemos comprender el amor que su mecenas profesó por María y el papel que le concedió en su obra teológica. El prelado consideraba que la historia del judaísmo y el cristianismo se dividía en tres estadios: la ley natural –desde la creación de Adán hasta la liberación del pueblo de Israel–, la ley escrita –el momento en que Dios entrega los mandamientos a Moisés– y la ley de gracia –cuando son dictados los Evangelios y Dios se hace verbo en su hijo–. La Virgen, expresa, tuvo por misión restituir la gracia concibiendo a Cristo[133].

Como nos recuerdan los autores decimonónicos, tanta era la devoción que Francisco Pérez de Prado sentía por la Virgen que «por doquier levantó altares á la Señora en su soberano misterio, hasta el punto de satisfacer de su peculio particular todas las que se erigiesen en las Iglesias de su diócesis», una de ellas «la bellísima capilla de la Inmaculada de nuestra Santa Iglesia Catedral»[134].

133   F. PÉREZ DE PRADO, *Compendio de las Tres Leyes, Natural, Escrita y Evangelica*, Sevilla, Juan Francisco Blas de Quesada, 1726, pp. 293 y 368-387, esp. 368-378.

134   M. EIXARCH SANTAPAU, *Los obispos de Teruel*, Teruel, A. Mallén, 1893, p. 141.

De hecho, no solo materializó obras elogiosas a su figura sino que institucionalizó la fiesta de la Purísima para convertirla en patrona de la catedral[135].

En la pieza que nos ocupa llama la atención la presencia de numerosos personajes femeninos, como si se tratase de una genealogía de mujeres del cristianismo: Eva, Ester, Judit, santa Ana y la Virgen. Eva, la primera de ellas, es definida por el obispo como la mujer pecadora pero necesaria, pues habiendo introducido la pátina en el mundo motivó la llegada de la «mujer y su semilla» que «quebrantaría la soberbia de Satanás»[136]. Dios otorgó a Eva el nombre de «madre de vivientes», como preludio de la Virgen y su hijo, que subsanarían la condena de los descendientes de los primeros hombres al trabajo, el dolor y la penitencia[137]. Santa Ana es una intercesora por ser la madre de quien luego engendró al hijo de Dios[138].

La presencia de Judit y Ester se explica porque, como la Virgen, fueron salvadoras del pueblo. La primera mató al general asirio Holofernes en estado de embriaguez en su tienda de campaña, antes de que cargara contra la ciudad de Betulia –Judit: 13–; mientras que la segunda intervino para que el rey Asuero condenara a muerte a Amán, quien había promulgado un decreto mandando asesinar a los judíos –Ester: 15-7–. Santiago Sebastián entendía que Judit y Ester representan dos cualidades que eran parangonables a María: ser vencedoras y mediadoras[139]. La presencia de ambas justifica la escena del sueño de Jacob, que engendró a los pueblos judíos que ellas socorrieron. Yahvé descendió de una escalera de entre los cielos mientras este dormía y le anunció que su descendencia se extendería «de occidente a oriente», bendiciendo a «todas las naciones de la tierra» –Génesis: 28, 12–. Igualmente, la escalera es un símbolo mariológico. Le sigue la representación del arca de la alianza, con la que a veces se ha comparado a María. El resto de las escenas insisten en la iconografía mariana: desde la Inmaculada central y la aparición de Cristo a su madre hasta la visión de la Virgen del Pilar por Santiago y san José con el niño.

La verja de la capilla, que precede al mueble, incluye su monograma y una jaculatoria que dice: «SIN PECADO CONCEBIDA». Además, de los muros laterales cuelgan dos cuadros con temas que respaldan la doctrina concepcionista, igualmente donados por el obispo, con la representación de *La defensa de la Inmaculada por los doctores de la Iglesia* y *La quinta sesión del concilio de Trento*[140]. Debemos recordar que los padres de la Iglesia defendieron la pureza de la Virgen contra las herejías en los primeros tiempos del cristianismo[141] y que fue en la quinta junta de Trento cuando se discutió sobre el pecado original, del que María quedó exenta.

135   A. M. Gimeno Picazo, *Las artes en...*, t. 1, p. 393.

136   F. Pérez de Prado, *Compendio de las...*, p. 75.

137   *Ibidem*, pp. 74-79.

138   A. de Villegas, *op. cit.*, pp. 498-499.

139   S. Sebastián y Á. Solaz, *op. cit.*, p. 90 y S. Sebastián, *Iconografía e iconología...*, pp. 116-117.

140   A. M. Gimeno Picazo, *Las artes en...*, t. 1, p. 393.

141   La iconografía de la Virgen proliferó como respuesta a la Reforma, pero el tema de los Padres de la Iglesia defendiendo a María es inusual, como explica P. Martino Alba, «Iconografía de los Padres de la Iglesia en torno a la Inmaculada Concepción», en F. J. Campos y Fernández de Sevilla (dir.), *La Inmaculada Concepción en España: religiosidad, historia y arte*, Madrid, Ediciones Escurialenses, 2005, t. 2, pp. 717-734.

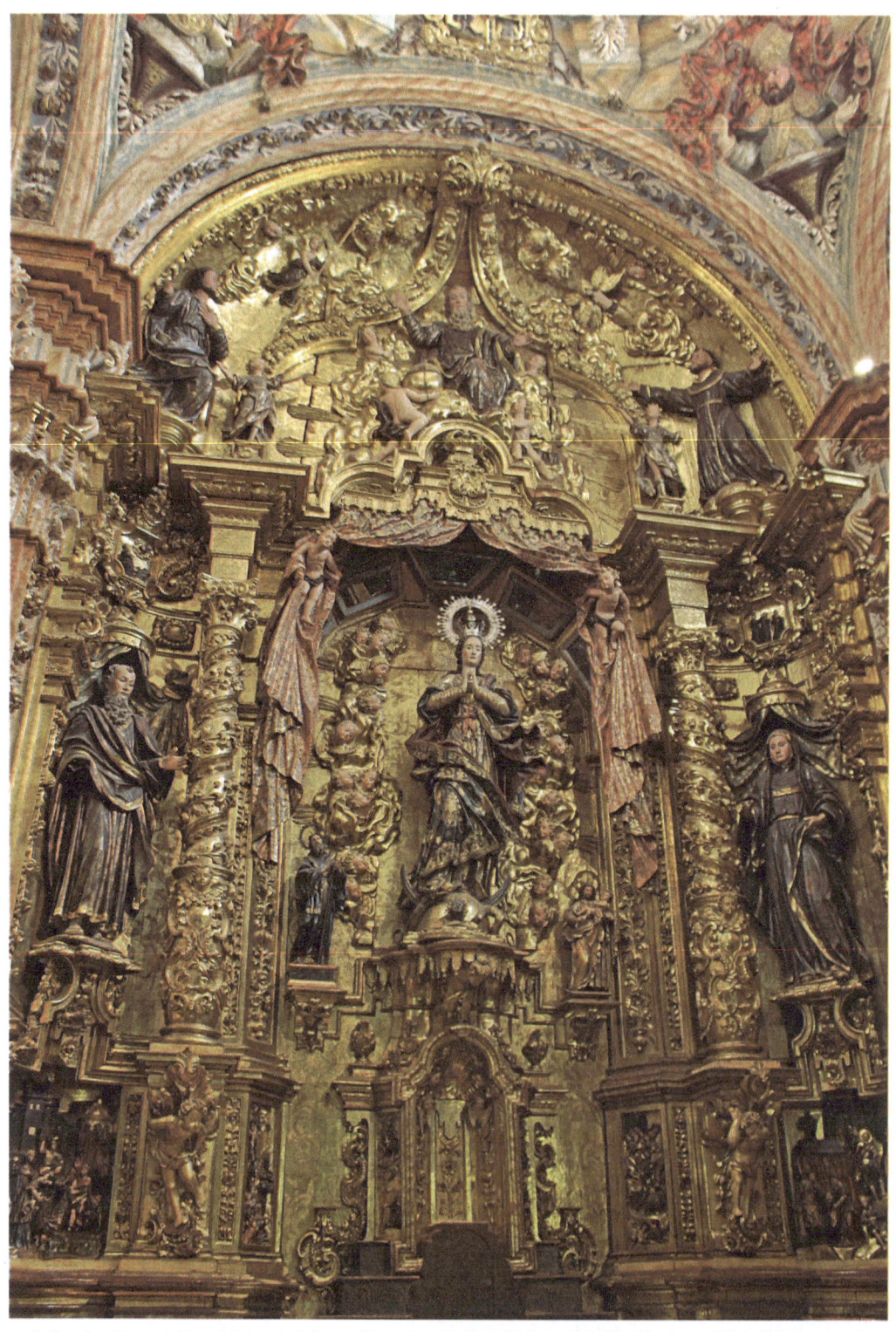

FIG. 29. **Francisco Moya, retablo de la Inmaculada Concepción, catedral de Santa María de Mediavilla, Teruel, ca. 1739. Imagen: el autor, 2019.**

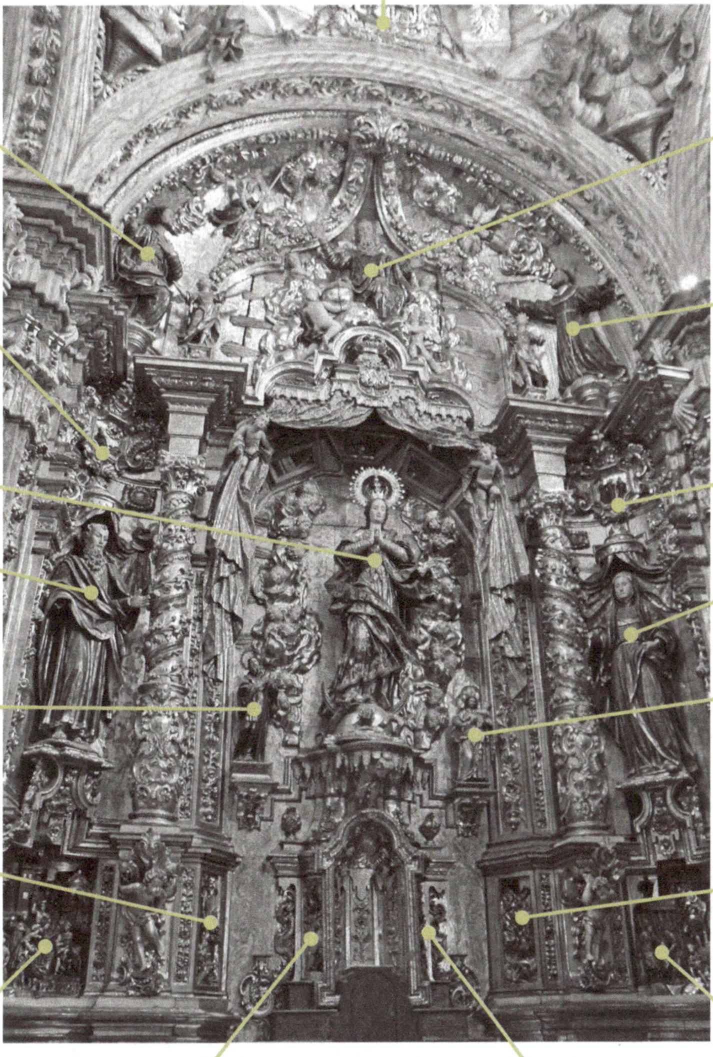

Escudo episcopal

San José

Dios Padre
con el orbe
y ángeles

Aparición
de Cristo a
san Francisco
de Asís en el
momento de la
recepción de
los estigmas

Anuncio
a San Joaquín

Inmaculada

Expulsión
de Joaquín
del templo

San Joaquín

Santa Ana

San Francisco
de Paula

San José
y el niño

El sueño
de Jacob

Traslado
del arca
de la alianza
a Jerusalén

Ester frente
a Amán

Judith con
la cabeza
de Holofernes

Aparición de Cristo
a la Virgen

Aparición de la Virgen
del Pilar a Santiago

Pecado de Adán y Eva y expulsión del Paraíso
(en los extremos no visibles de la imagen)

Francisco Moya. Un escultor al servicio episcopal en el Teruel del siglo XVIII

50

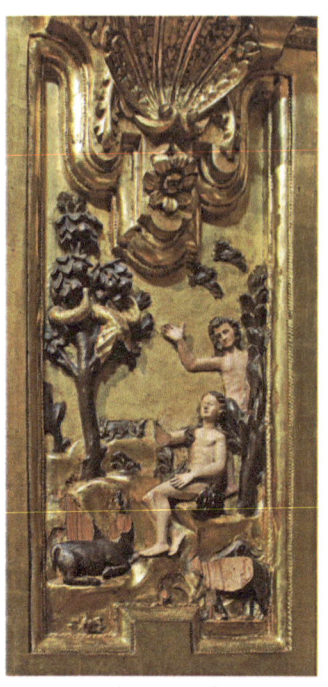

FIG. 30. **Francisco Moya, pecado de Adán y Eva, retablo de la Inmaculada Concepción, catedral de Santa María de Mediavilla, Teruel, ca. 1739. Imagen: el autor, 2019.**

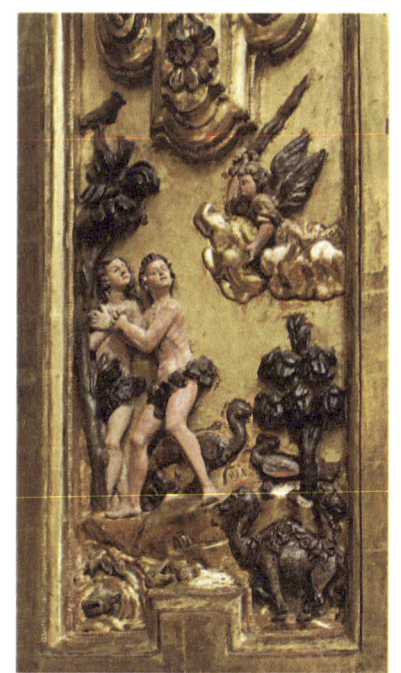

FIG. 31. **Francisco Moya, expulsión de Adán y Eva del Paraíso, retablo de la Inmaculada Concepción, catedral de Santa María de Mediavilla, Teruel, ca. 1739. Imagen: el autor, 2019.**

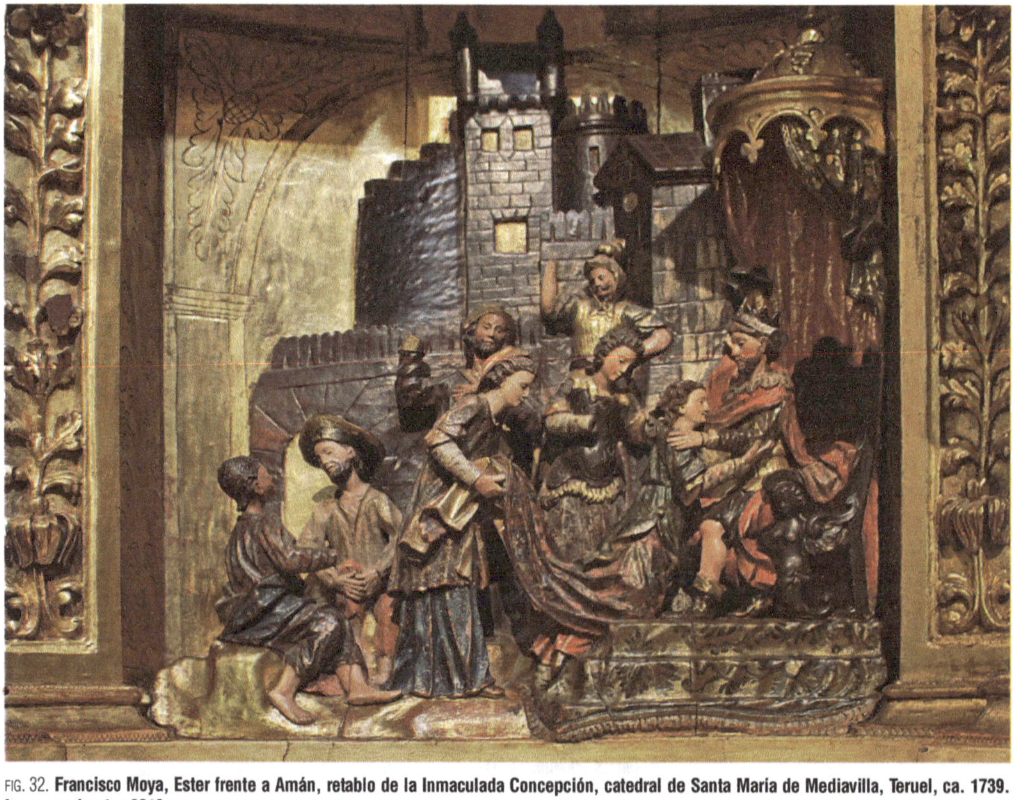

FIG. 32. **Francisco Moya, Ester frente a Amán, retablo de la Inmaculada Concepción, catedral de Santa María de Mediavilla, Teruel, ca. 1739. Imagen: el autor, 2019.**

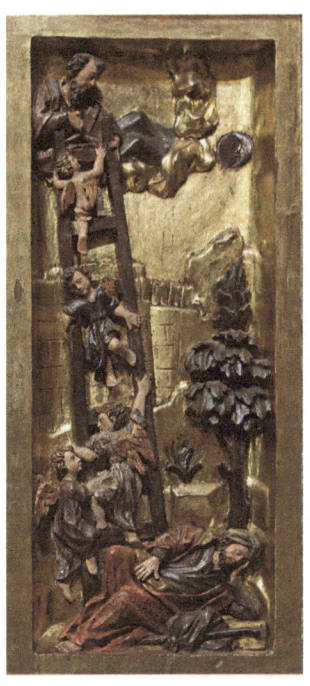

FIG. 33. **Francisco Moya, el sueño de Jacob, retablo de la Inmaculada Concepción, catedral de Santa María de Mediavilla, Teruel, ca. 1739. Imagen: el autor, 2019.**

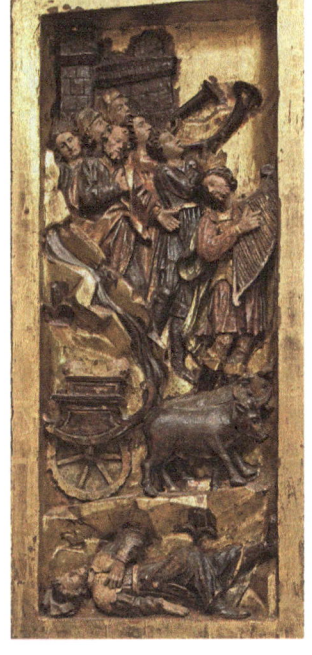

FIG. 34. **Francisco Moya, traslado del arca de la alianza desde Baalat a Jerusalén, retablo de la Inmaculada Concepción, catedral de Santa María de Mediavilla, Teruel, ca. 1739. Imagen: el autor, 2019.**

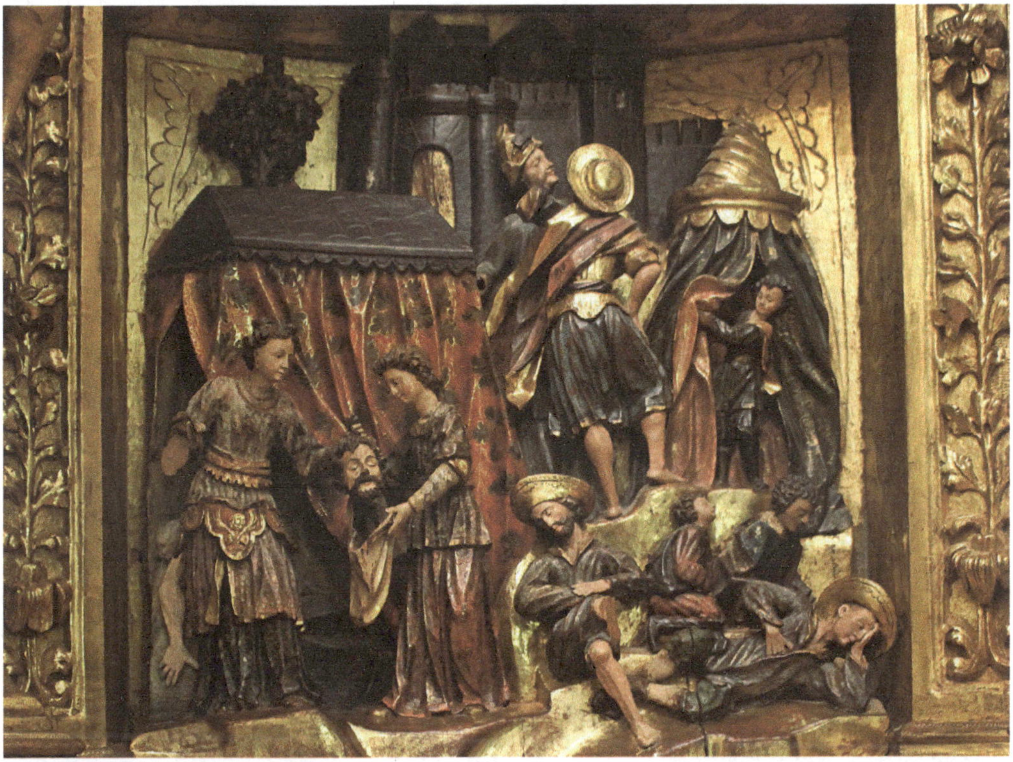

FIG. 35. **Francisco Moya, Judit con la cabeza de Holofernes, retablo de la Inmaculada Concepción, catedral de Santa María de Mediavilla, Teruel, ca. 1739. Imagen: el autor, 2019.**

Francisco Moya. Un escultor al servicio episcopal en el Teruel del siglo XVIII

52

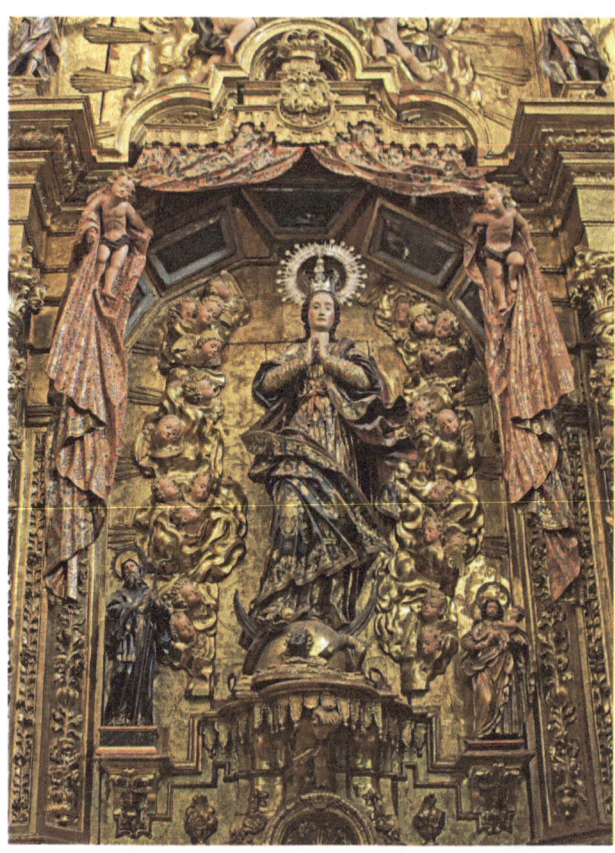

FIG. 36. **Francisco Moya, Inmaculada, retablo de la Inmaculada Concepción, catedral de Santa María de Mediavilla, Teruel, ca. 1739. Imagen: el autor, 2019.**

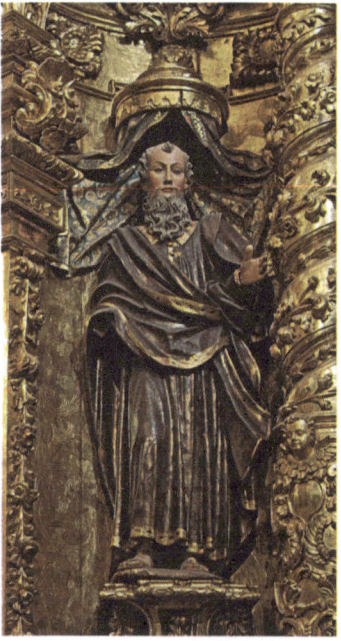

FIG. 37. **Francisco Moya, san Joaquín, retablo de la Inmaculada Concepción, catedral de Santa María de Mediavilla, Teruel, ca. 1739. Imagen: el autor, 2019.**

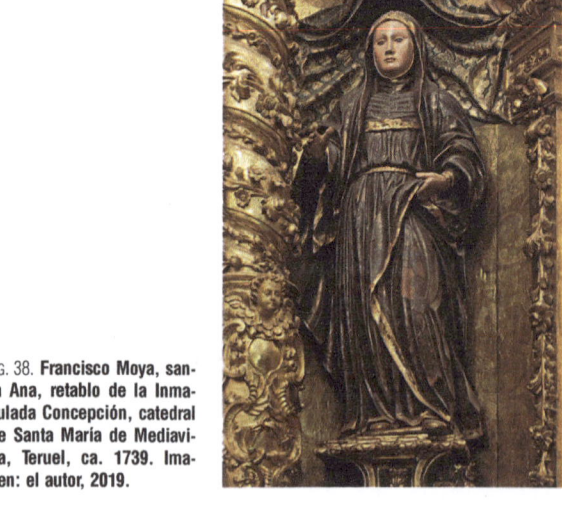

FIG. 38. **Francisco Moya, santa Ana, retablo de la Inmaculada Concepción, catedral de Santa María de Mediavilla, Teruel, ca. 1739. Imagen: el autor, 2019.**

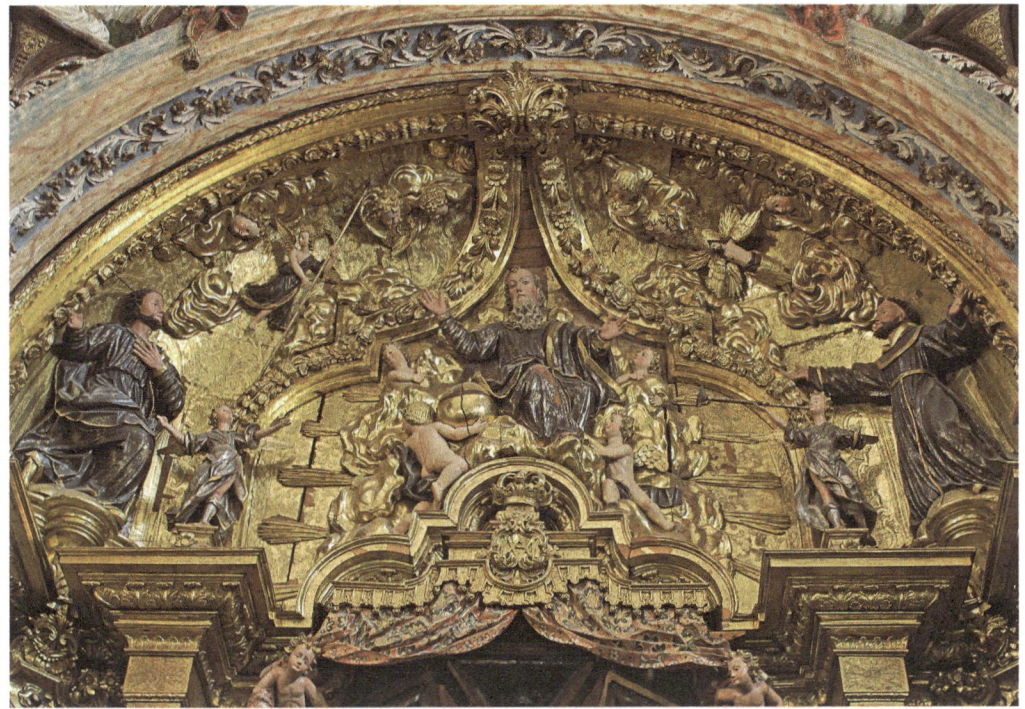

FIG. 39. **Francisco Moya, Dios Padre flanqueado por Santiago o san José y san Francisco de Asís, retablo de la Inmaculada Concepción, catedral de Santa María de Mediavilla, Teruel, ca. 1739. Imagen: el autor, 2019.**

Apoya este significado el frontal de altar con roleos que muestran diferentes advocaciones de la titular y que narran escenas de su vida[142], tal como identificó hábilmente Santiago Sebastián. Se incluyen:

> la Asunción, la Anunciación, el nacimiento de Jesús, la Virgen con el niño, la Inmaculada, la Madre de los pobres, la adoración a la Virgen niña, la Trinidad, la Virgen de la Merced, la Virgen del Rosario, la Virgen del Pilar, otra Inmaculada, la presentación de la Virgen en el templo, la Virgen de la Esperanza, la Virgen entre dos orantes, la huida a Egipto, otro nacimiento de Jesús, los desposorios de María, la Virgen en el Empíreo con una cruz y las caras de los cuatro evangelistas, la Mujer y el monstruo del Apocalipsis, San Miguel luchando contra el dragón, otra Virgen con niño, la Virgen de Loreto, la Virgen de los Ángeles, la Dolorosa, la Virgen con el corazón en la mano, la Anunciación, una nueva Dolorosa, la Visitación, la Virgen del Carmen y la Virgen con los símbolos de la profecía de Simeón[143].

Por último, sobre las pechinas de la cúpula aparecen los cuatro padres de la Iglesia latina –san Jerónimo, san Gregorio, san Agustín y san Ambrosio–[144] y, en el centro del tambor, un ángel desplegando una filacteria con la inscripción «TOTA PULCRA ES», otra reiteración del mensaje global.

142   A. M. Gimeno Picazo, *Las artes en...*, t. 1, p. 340.

143   S. Sebastián y Á. Solaz, *op. cit.*, pp. 92-93.

144   *Ibidem*, p. 89.

Francisco Moya. Un escultor al servicio episcopal en el Teruel del siglo XVIII

54

El ostensorio del altar mayor

Desde el siglo XVI la presencia real del cuerpo de Cristo en la Eucaristía fue cuestionada por el protestantismo y por eso este tema pasó a formar parte del debate teológico[145], motivando que su iconografía conociese un impulso extraordinario, hecho que también se aprecia en las artes de la provincia de Teruel[146]. Las obras que realizan tanto Moya como otros escultores, en realidad, tienen su razón de ser en la Sagrada Forma que esconden en su interior, funcionando casi a modo de relicario. Esto se hace especialmente visible en la renovación del ostensorio del retablo mayor de la catedral [FIG. 40], confeccionado por el escultor francés Gabriel Yoli dos siglos atrás, entre 1532 y 1536.

En 1739 el cabildo pagó 4.000 sueldos y 200 pesos a Francisco Moya por sus trabajos en el «sacrario» del altar mayor. En 1743 hizo «un trono» para esta obra, que luego doró el pintor Juan Antonio Conchillos (doc. 1678-1747)[147], cobrando por ello 7 libras. Además, entre 1739 y 1744 el escultor Francisco Salesa percibió 148 sueldos por «sentar» y «poner» el ostensorio y por «componer y ajustar el vidrio» que había trabajado el vidriero zaragozano Juan de Elías González (doc. 1723-1778)[148] por 40 libras[149].

Tradicionalmente se le ha dado el nombre de ostensorio, aunque en la actualidad no exponga la Hostia y la documentación se refiera a él como sagrario, es decir, el lugar donde se guarda, pero no donde se exhibe. Esta denominación es tal porque en algún momento acogió en su interior una custodia asida a un brazo metálico, que se colocaba sobre una peana dorada, compuesta por cabezas de querubines y vegetación, y se dejaba a la vista cuando se abrían sus puertas. A este mecanismo hay que sumarle los reflejos de luces que creaban los espejos emplomados del interior[150], que aportaban la espectacularidad buscada al presentar la transustanciación a los fieles [FIG. 41].

No se policromó en su cara exterior para que no desentonara con el resto del retablo [FIG. 42]. Tiene forma convexa y se inserta en el centro de la predela. Pese a su pequeño tamaño, su temática es muy rica al estar repartida por toda su superficie, desde los fustes de las columnas a las puertas, el coronamiento y el apoyo. En la base encontramos a Josué y Caleb portando el racimo de uvas

---

145 S. Gómez Navarro, «La Eucaristía en el corazón del siglo XVI», *Hispania Sacra*, 118, 2006, pp. 502-514.

146 S. Sebastián y Á. Solaz, *op. cit.*, pp. 49-52.

147 Este artista trabajó junto a Moya en varias ocasiones, motivo por el que debemos comentar su biografía brevemente. Fue bautizado en Alicante en 1678, pero pasó parte de su infancia y juventud en Valencia hasta instalarse definitivamente en Teruel. Allí desarrolló toda su trayectoria profesional conocida, viviendo de los encargos del cabildo catedralicio que le pidió pintar retratos y figuras de santos, algunos de los cuales aún se conservan. En su carrera destaca el armario de la sacristía de la catedral de Teruel, del que más tarde nos ocuparemos, por lo excepcional del encargo y la ejecución. Para conocer en detalle su biografía véase A. M. Gimeno Picazo, *Las artes en...*, t. 3, pp. 46-50; y C. Esteras Martín, *op. cit.*, p. 158.

148 Para saber más de Juan de Elías González pueden revisarse algunas breves notas biográficas que se han publicado en A. M. Gimeno Picazo, *Las artes en...*, t. 3, p. 166; C. Bitrián Varea, «El expediente de los reparos del Palacio de la Diputación del Reino de Aragón. Un ejemplo de las prácticas de conservación monumental en el siglo XVIII», *e-rph – Revista Electrónica de Patrimonio Histórico*, 15, 2014, pp. 114 y 119; y R. Carretero Calvo, «La catedral de Tarazona en el siglo XVIII: Renovación artística y transformaciones arquitectónicas», *Tvriaso*, XXIII, 2016-2017, p. 26, nota 54.

149 A. M. Gimeno Picazo, *Las artes en...*, t. 1, p. 335.

150 *Ibidem*, p. 336.

del valle del Escol [FIG. 43], la recogida del maná [FIG. 44], el entierro de Cristo [FIG. 45], la visión de Moisés de la zarza ardiente en el monte Horeb [FIG. 46] y Sansón desquijarando al león –este último de muy difícil visibilidad–. Arriba, casi inapreciables al quedar empotrados contra el retablo, aparecen el sacrificio de Isaac [FIG. 47]; David y Goliat [FIG. 48]; Moisés y la serpiente de bronce –con una cita del *Spinario*– [FIG. 49]; y otro sacrificio, quizás el de Noé [FIG. 50]. En los fustes de las columnillas identificamos a Melquisedec ofreciendo el pan y el vino a Abraham [FIG. 51] y otro tema similar que no alcanzamos a reconocer. En las puertas se talló la última cena dentro de una arquitectura clasicista [FIG. 52]. Sobre la cabeza de Jesús, dos hombres con postura similar a los *ignudi* de la bóveda de la Capilla Sixtina de Miguel Ángel se apoyan sobre los capiteles y la cornisa y despliegan una guirnalda de flores y una tela con tres cabezas de querubines. En el registro inferior, distinguimos varias escenas cotidianas que apoyan el mensaje eucarístico. A la izquierda, un pequeño bodegón sobre una mesa con mantel, cestas, jarros, vasos, platos y un gato que se esconde entre sus patas. A continuación, en el centro, el *agnus* envuelto en hojas y flores sobre un altar y varias obleas [FIG. 53] y, por último, dos hombres vertiendo vino en unas cántaras [FIG. 54]. En el remate se colocan tres figuras de bulto redondo: un Tomás de Aquino moderno[151]; san Vicente Ferrer; y, entre ambos, el Espíritu Santo, a veces identificado como un ave fénix. Bajo este, en el remate conopial, se reitera la representación del *agnus Dei*.

Santiago Sebastián entendió que el conjunto era en su totalidad una prefiguración de Cristo, por ello sus relieves narran en su mayoría historias veterotestamentarias[152]. Efectivamente, David, Sansón y Moisés son personajes que presagian la venida de Jesucristo. La historia de la serpiente de bronce, asimismo, es un preludio de la crucifixión –Números: 21, 4-9–.

La misma analogía puede hacerse con la escena de Josué y Caleb cargando la vid. Recogieron un vástago de uvas y lo entregaron a Moisés y Aarón en un palo –Números: 13–. El fruto colgante se considera una imagen de Jesús en la cruz. El sacrificio de Isaac o el de Noé, iconografía más habitual, y el de Melquisedec anuncian la Pasión y el acto mismo de la Eucaristía. Este último personaje bíblico fue rey y sacerdote, el primero en oficiar este sacramento por medio del pan y el vino que ofreció a Abraham –Génesis: 14, 18-20–.

La escena de Sansón y el león, por otra parte, simboliza el triunfo sobre el mal[153]. Igualmente, el *agnus* alude a la misma idea en boca de san Juan Bautista, que se refirió al «cordero de Dios» que libra del pecado –San Juan: 1, 29-37–. Además, el ave fénix representa la salvación del alma inmortal que concedió Jesús a los hombres cuando se sacrificó. Los relieves más claros son los centrales: la última cena, cuando Jesús sentado entre sus discípulos instituye la eucaristía al ofrecerles el pan y el vino; y el entierro de Cristo, es decir, la entrega del cuerpo y la sangre de forma simbólica y fehaciente.

A finales de 1937 el ostensorio fue parcialmente desmontado [FIG. 55] y transportado hasta Barcelona en las campañas de salvamento patrimonial de la Segunda República. Por ello, el Archivo Mas de Barcelona conserva fotografías de las escenas despiezadas, de momento las mejores que

---

151 Es obra del escultor turolense Manuel Escriche y fue colocada en 1996, junto con otras, para restituir las esculturas perdidas en la Guerra Civil. Véase un montaje del retablo sin las figuras de Escriche que aparece en V. Muñoz Garrido, *Santa Emerenciana y el Seisado de Teruel*, Teruel, Ayuntamiento de Teruel, 2004, p. 53.

152 S. Sebastián y Á. Solaz, *op. cit.*, pp. 49-52.

153 A. M. Gimeno Picazo, *Las artes en...*, t. 1, p. 335.

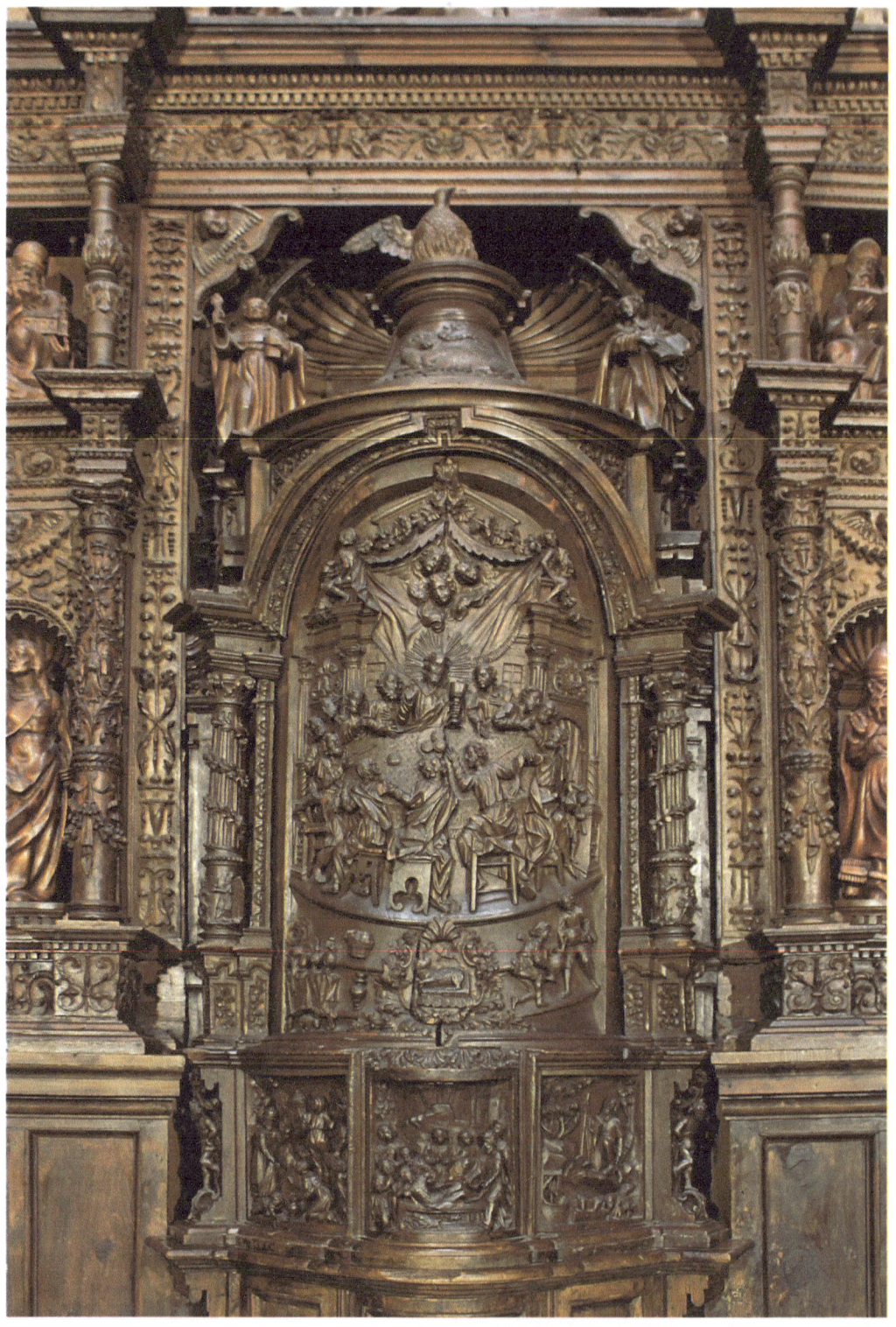

FIG. 40. **Francisco Moya, ostensorio del retablo mayor de la catedral de Santa María de Mediavilla, Teruel, 1739-1744. Imagen: el autor, 2019.**

Espíritu Santo

Agnus Dei

San Vicente
Ferrer

Tomás
de Aquino

¿Sacrificio
de Noé?

Moisés
y la serpiente
de bronce

Última cena
(arriba)

Melquidesec
entrega a
Abraham el
pan y el vino

Bodegón,
agnus y hombre
vertiendo vino
(abajo)

Sacrificio
de Isaac

Desconocido

Recogida
del maná

David y Goliat

Sansón
y el león

Josué y Caleb
recogen la
uva del valle
del Escol

Visión
de Moisés
de la zarza
que arde en
monte Horeb

Entierro de Cristo

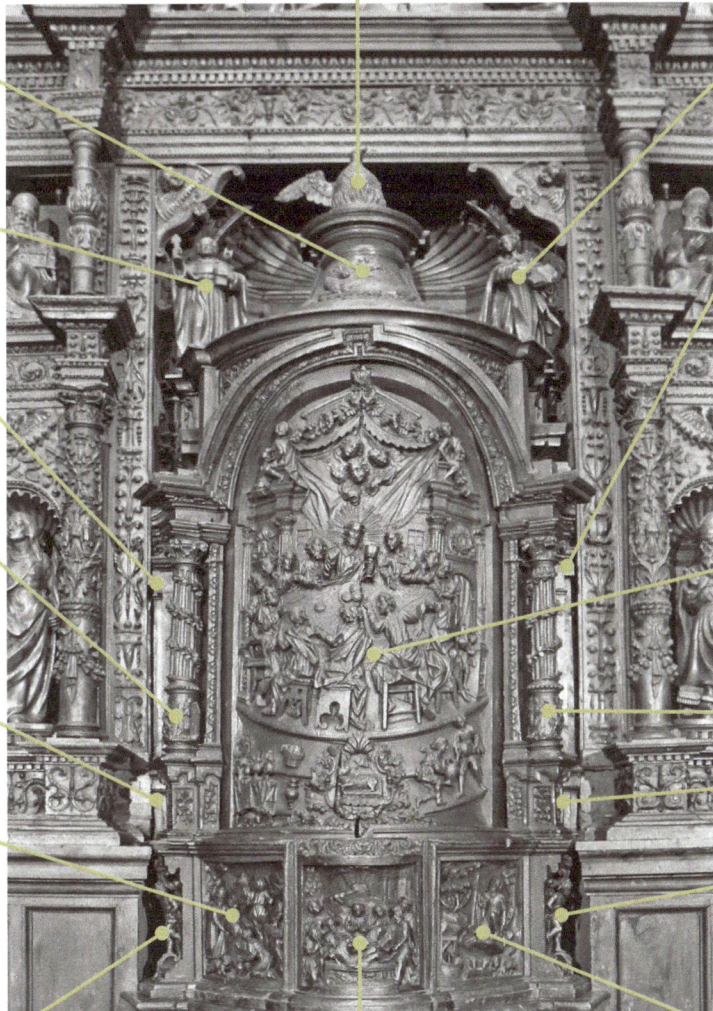

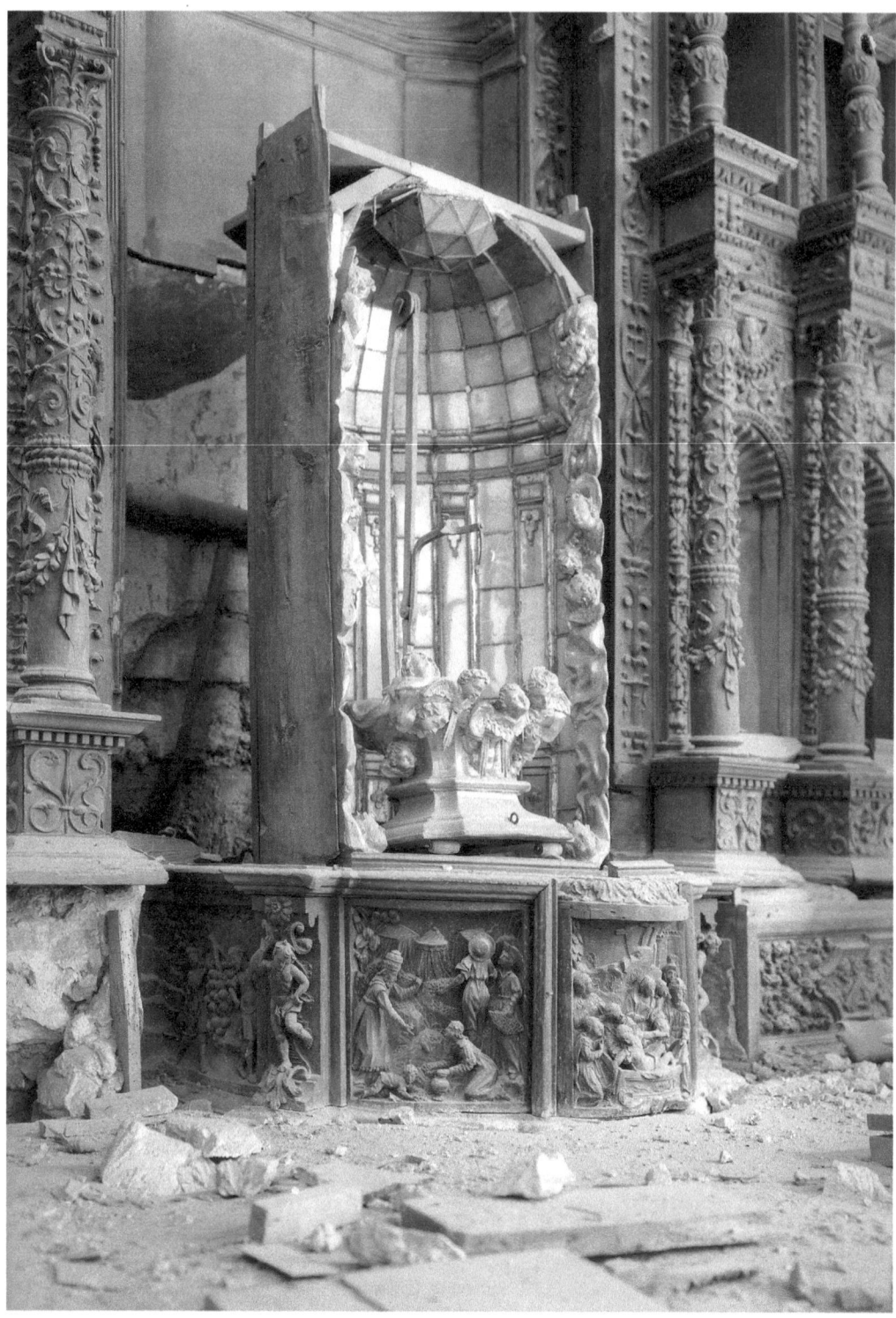

FIG. 41. **Francisco Moya, ostensorio despiezado en la batalla de Teruel, con espejos, un brazo metálico y una peana en su interior, catedral de Santa María de Mediavilla, Teruel, 1739-1744. Imagen: autor desconocido, 1937-1938, Institut Amatller d'Art Hispànic-Arxiu Mas, C-86234.**

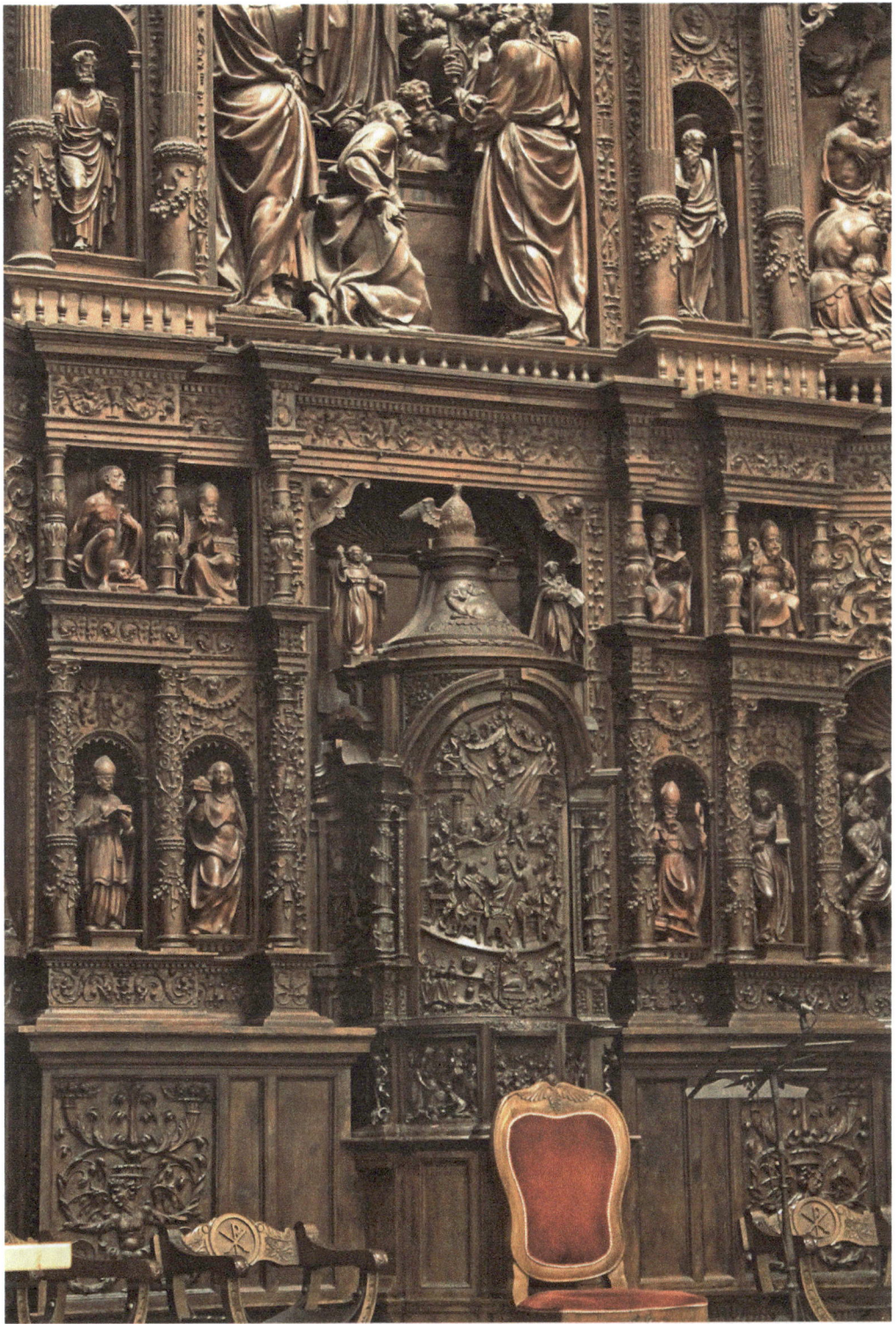

FIG. 42. **Francisco Moya, ostensorio del retablo mayor de la catedral de Santa María de Mediavilla, Teruel, 1739-1744. Imagen: el autor, 2019.**

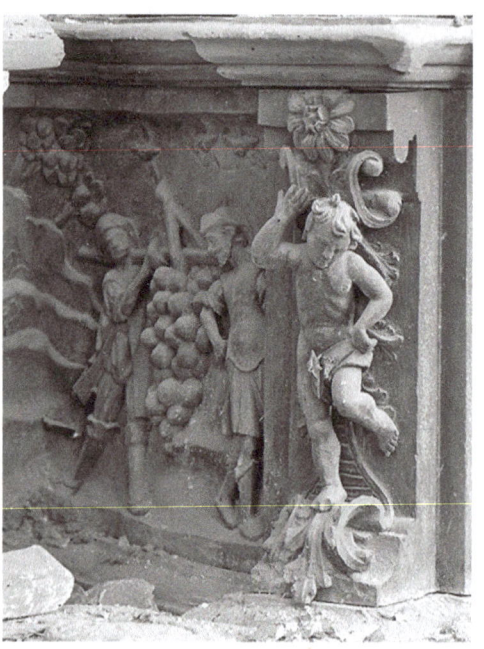

FIG. 43. **Francisco Moya, Josué y Caleb cargando el racimo de uvas del valle del Escol, ostensorio del retablo mayor de la catedral de Santa María de Mediavilla, Teruel, 1739-1744. Imagen: autor desconocido, 1937-1938, Institut Amatller d'Art Hispànic-Arxiu Mas, C-86234.**

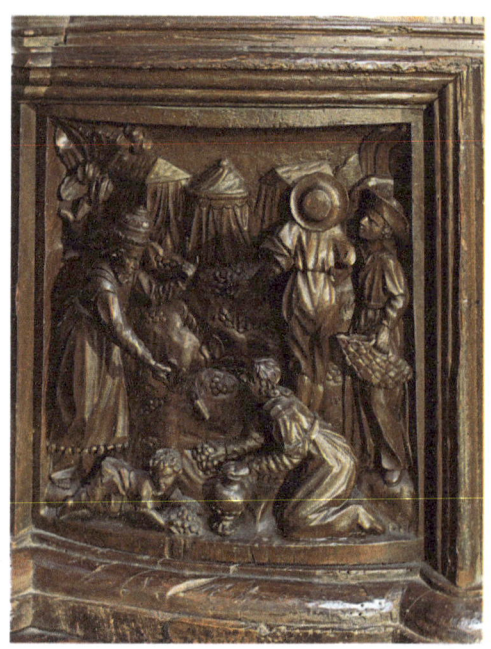

FIG. 44. **Francisco Moya, recogida del maná, ostensorio del retablo mayor de la catedral de Santa María de Mediavilla, Teruel, 1739-1744. Imagen: el autor, 2019.**

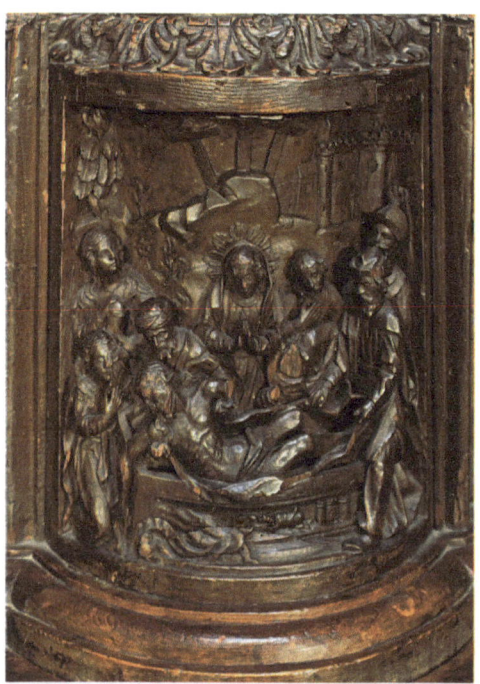

FIG. 45. **Francisco Moya, entierro de Cristo, ostensorio del retablo mayor de la catedral de Santa María de Mediavilla, Teruel, 1739-1744. Imagen: el autor, 2019.**

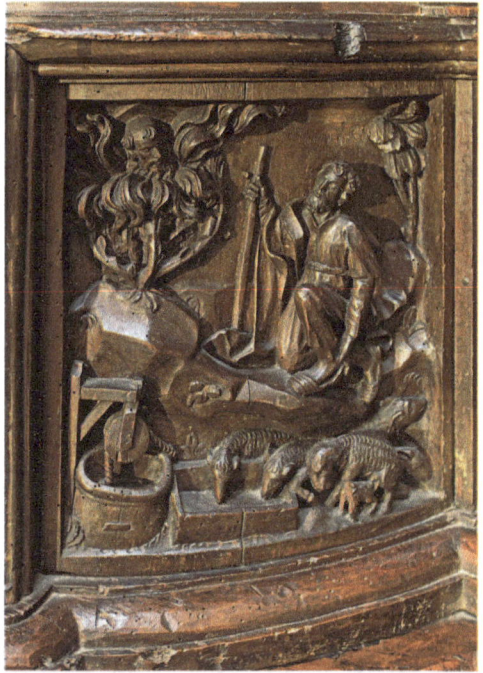

FIG. 46. **Francisco Moya, aparición de la zarza ardiente a Moisés en el monte Horeb, ostensorio del retablo mayor de la catedral de Santa María de Mediavilla, Teruel, 1739-1744. Imagen: el autor, 2019.**

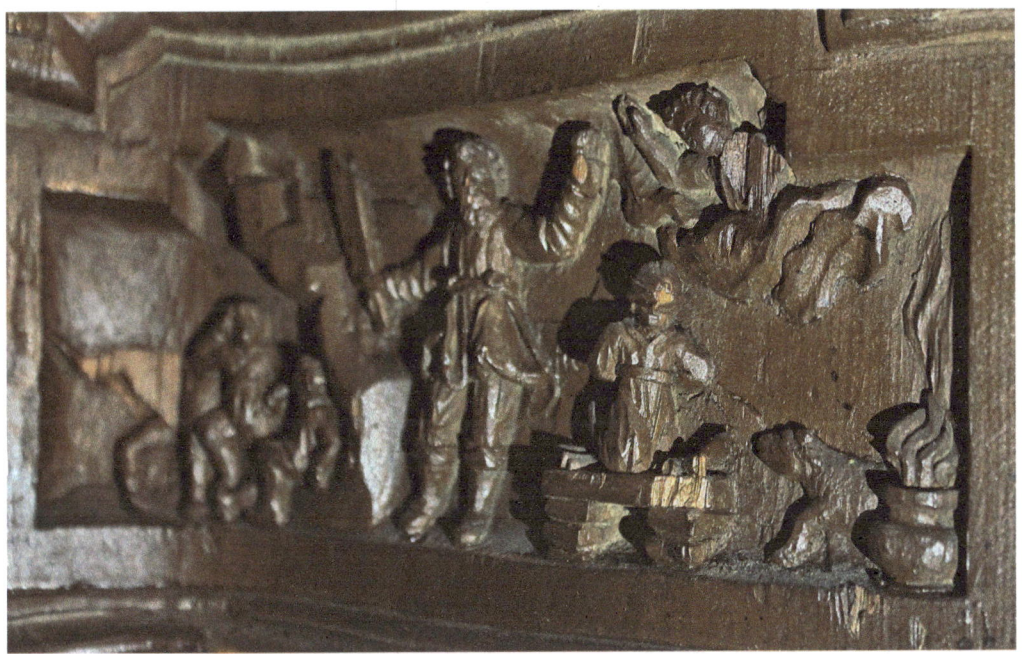

FIG. 47. **Francisco Moya, sacrificio de Isaac, ostensorio del retablo mayor de la catedral de Santa María de Mediavilla, Teruel, 1739-1744.** Imagen: el autor, 2019.

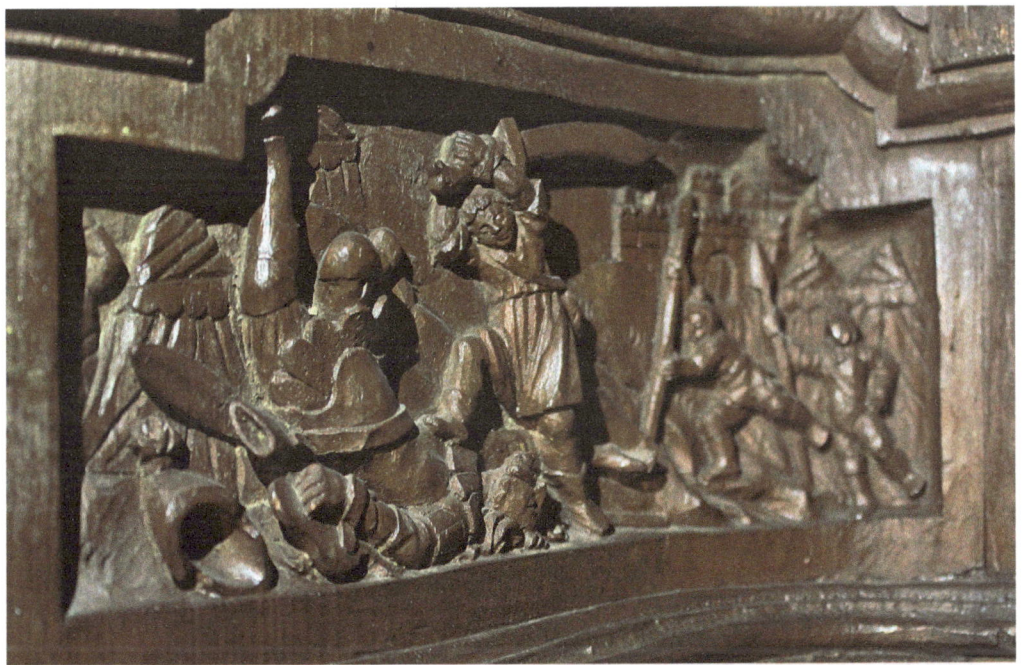

FIG. 48. **Francisco Moya, David y Goliat, ostensorio del retablo mayor de la catedral de Santa María de Mediavilla, Teruel, 1739-1744. Imagen: el autor, 2019.**

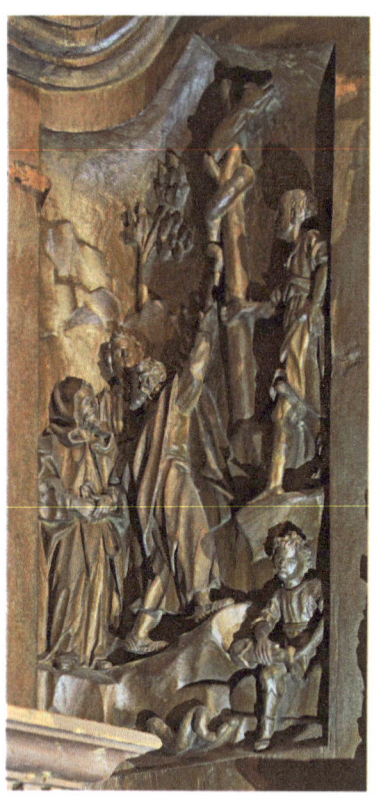

FIG. 49. **Francisco Moya, Moisés y la serpiente de bronce, ostensorio del retablo mayor de la catedral de Santa María de Mediavilla, Teruel, 1739-1744. Imagen: el autor, 2019.**

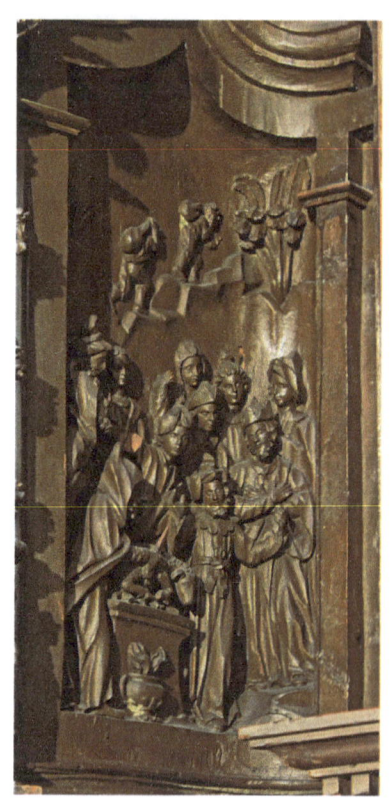

FIG. 50. **Francisco Moya, ¿sacrificio de Noé?, ostensorio del retablo mayor de la catedral de Santa María de Mediavilla, Teruel, 1739-1744. Imagen: el autor, 2019.**

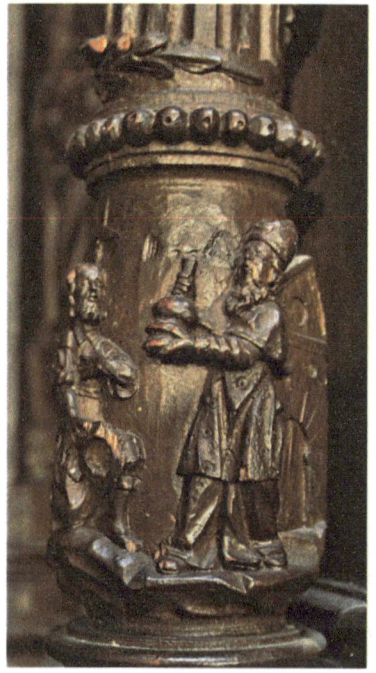

FIG. 51. **Francisco Moya, Melquisedec entregando el pan y el vino a Abraham, ostensorio del retablo mayor de la catedral de Santa María de Mediavilla, Teruel, 1739-1744. Imagen: el autor, 2019.**

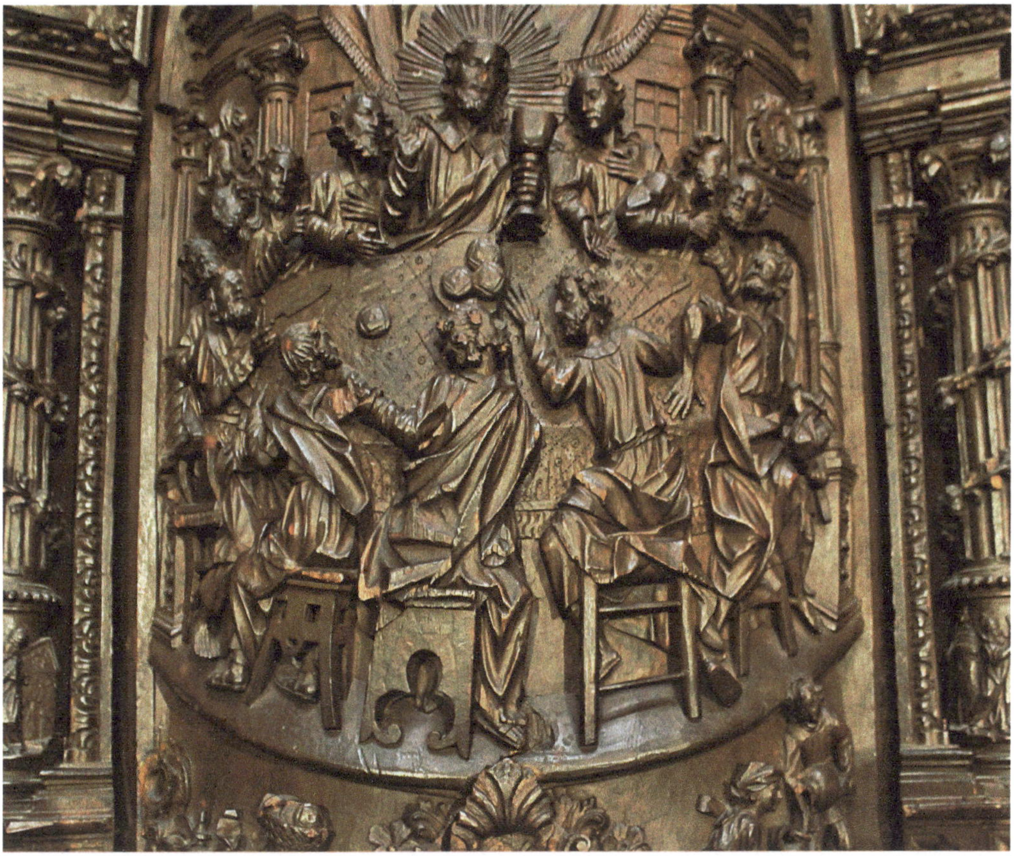

FIG. 52. **Francisco Moya, última cena, ostensorio del retablo mayor de la catedral de Santa María de Mediavilla, Teruel, 1739-1744. Imagen: el autor, 2019.**

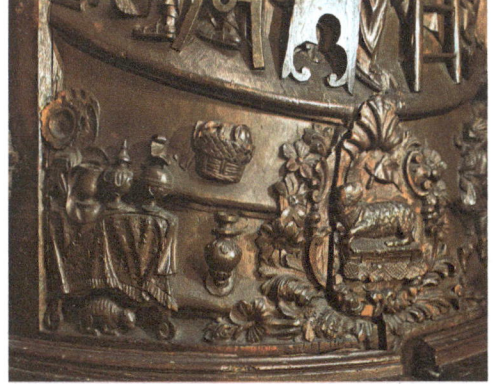

FIG. 53. **Francisco Moya, bodegón y *agnus Dei*, ostensorio del retablo mayor de la catedral de Santa María de Mediavilla, Teruel, 1739-1744. Imagen: el autor, 2019.**

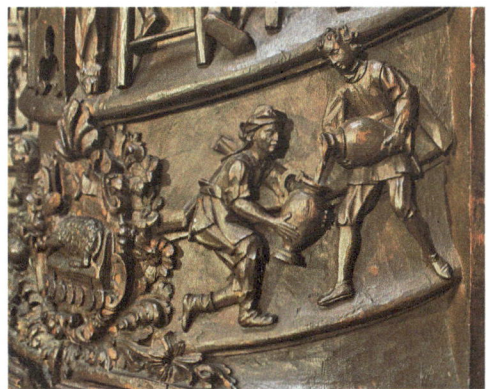

FIG. 54. **Francisco Moya, hombres vertiendo vino, ostensorio del retablo mayor de la catedral de Santa María de Mediavilla, Teruel, 1739-1744. Imagen: el autor, 2019.**

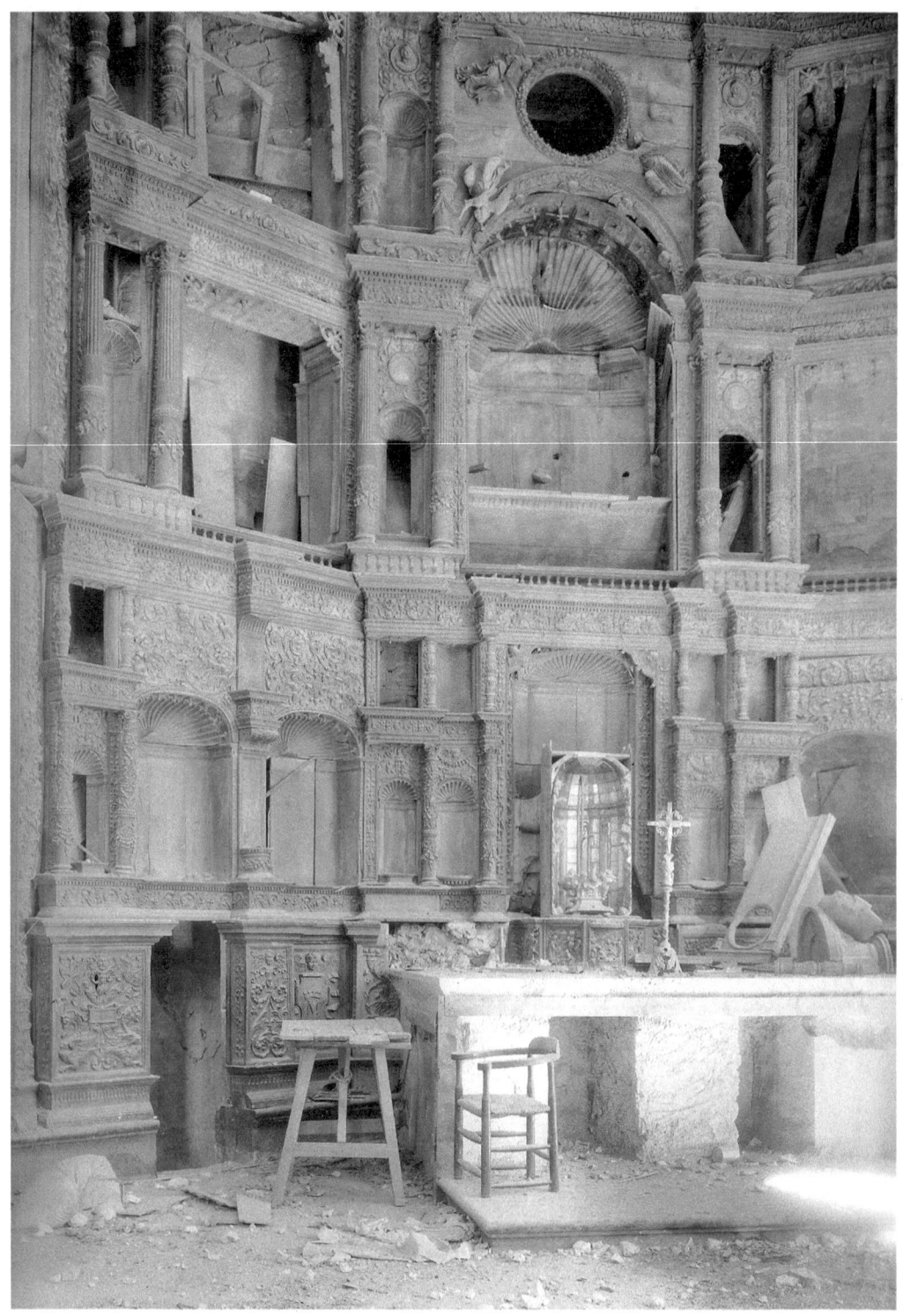

FIG. 55. **Retablo mayor de la catedral de Santa María de Mediavilla desmantelado con motivo de la batalla de Teruel. Imagen: autor desconocido, 1937-1938, Institut Amatller d'Art Hispànic-Arxiu Mas, C-86234.**

existen para su observación –que *in situ* no es fácil por encontrarse encajadas–. Los relieves de la base y todo el interior, con la peana, el brazo metálico y los vidrios, se abandonaron en Teruel hasta acabada la Guerra Civil. Por suerte, sobrevivieron y, una vez regresaron los demás, pudieron volver a ser montados.

El armario para plata y joyas de la sacristía

El último trabajo de Moya para el cabildo turolense fue el diseño de un gran armario de sacristía para guardar el tesoro catedralicio [FIG. 56], por el que cobró 125 libras en 1743[154]. Su realización estuvo motivada por la necesidad de conservar decentemente la custodia mayor [FIG. 57], donada por Francisco Pérez de Prado y obrada en 1742 por el platero cordobés Bernabé García de los Reyes (Córdoba, 27/10/1696-29/12/1750)[155]. El escultor pensó el mueble como una mole rectangular, dividida en filas y columnas para las escenas pintadas, y un ático con imágenes escultóricas.

Para la parte pictórica se recibieron tres diseños de tres pintores: Juan Antonio Conchillos (doc. 1678-1747), José Villarroya (doc. 1739-1779) y José Ariño (doc. 1743)[156]. Se eligió la propuesta del primero y se le pagaron 100 libras, además de una gratificación por mejorar la idea inicial[157]. Se dedicó a bustos de santos, santas y mártires identificados por inscripciones. En la última fila representó el tetramorfos: el toro, el águila, el ángel y el león que coinciden con los evangelistas situados en el segundo registro, con Tomás de Villanueva y san Julián en los laterales. En la tercera fila vemos a María Magdalena, san León, san Alejandro, san Jacinto, san Eugenio y santa Águeda; y en la superior a santa Margarita, santa Columba, santa Bárbara, san Bonifacio, san Juan de Perusa y san Pedro de Saxoferrato –estos dos últimos, mártires franciscanos patronos de Teruel–. Culmina en un pequeño friso poblado de angelotes, dos emblemas marianos y de Cristo, y motivos vegetales. En los extremos, trabajados en bulto redondo, dos ángeles alzan su mano hacia el cielo. A su lado, en mediorrelieve, santa Emerenciana y la Inmaculada, y en el centro la Asunción con la mirada elevada y el brazo alzado, mientras una nube de querubines le sirve de trono. Sobre ella se sitúa de nuevo el monograma mariano rodeado de cabezas de angelotes y rayos de luz celestial a modo de nimbo[158].

Lo interesante de este mueble, sin embargo, es que incluye decoraciones profanas de motivos chinescos entre los retratos de santos y santas, evidenciando que esta moda alcanzó los rincones más recónditos de la Europa de esta centuria. Las *chinoiseries* proliferaron en Francia a finales del siglo XVII, cuando el país incrementó su influencia en China mediante la presencia de grupos de jesuitas[159]. Sin embargo, tienen precedentes que se deben fijar en el siglo XVI con los comerciantes

---

154 *Ibidem*, p. 382.

155 Véase C. Esteras Martín, *Orfebrería de Teruel y su provincia*, Teruel, Instituto de Estudios Turolenses, 1980, t. 2, pp. 243-244.

156 Para saber más sobre José Villarroya véase A. M. Gimeno Picazo, *Las artes en...*, t. 3, pp. 64-66, y sobre José Ariño revísese *ibidem*, p. 44.

157 *Ibidem*, t. 1, p. 382.

158 Una descripción similar puede encontrarse en *Ibidem*, p. 383.

159 B. H. Dams y A. Zega, *Chinoiseries,* New York, Rizzoli, 2008, pp. 17-29.

Francisco Moya. Un escultor al servicio episcopal en el Teruel del siglo XVIII

66

que proveían multitud de objetos «bizarros» a las cámaras de maravillas[160]. España fue pionera, junto a Portugal, porque desde el siglo XVI hubo una predilección por el coleccionismo de objetos orientales favorecido por la importancia marítima y comercial que tuvo la Monarquía Hispánica. Desde la guerra de Sucesión el gusto por lo chino conoció un nuevo impulso gracias a la llegada de los Borbones[161], que trajeron a la corte española las modas francesas. Su inclinación hacia el arte chino se materializó en el encargo del salón de Porcelana del palacio de Aranjuez de Madrid o la villa La Favorita de Palermo[162].

En Aragón, este armario es uno de los pocos ejemplos sacros de chinerías que se han conservado, aunque sabemos que esta tendencia estuvo presente durante todo el siglo XVIII e inicios del XIX. En este sentido, conocemos las telas —estas propiamente chinas— conservadas en las sacristías de las iglesias de Munébrega, Arándiga, Aranda de Moncayo, Sisamón, Atea, Daroca o Calatayud[163]. A finales del siglo XVIII los enseres «de China» sí debían ser bastante populares en los interiores zaragozanos, principalmente en el mobiliario o la vajilla de personajes civiles y eclesiásticos[164]. Estos objetos con repertorios «a la manera de China» abundaron especialmente en la decoración cerámica, que entonces intentaba imitar los acabados de la porcelana de aquel imperio. Por eso se conservan residencias como la casa de los barones de Valdeolivos en Fonz (Huesca) que presentan decoraciones de chinerías en porcelanas de producción inglesa[165]. En la provincia de Teruel han llegado hasta nuestros días tres ejemplos, dos eclesiásticos y uno civil. El primero es el armario que aquí analizamos, el segundo la decoración chinesca de la sacristía de la iglesia de Santa María la Mayor de Calamocha[166] y, el último, las pinturas de una casa particular en Torremocha[167], estas ya del siglo XIX.

Para el mueble de la catedral de Teruel, Juan Antonio Conchillos pintó un fondo rojo monocromo que imita un acabado lacado. Sobre él colocó pequeños motivos en colores dorados y amarillos ocre con sus contornos, muy marcados, en negro. Creó así todo un universo de figuras imaginativas que confieren a la pieza un nuevo sentido un tanto seglar. Los diseños son muy variados. Vemos distintos tipos de pagodas, vegetación, animales —perros, lagartos, ciervos, monos y aves—, malabaristas, bailarines, músicos, religiosos, nobles, portadores de estandartes y seres fantásticos

160   M. Reed y P. Demattè, *China on paper: European and Chinese Works from the Late Sixteenth to the Early Nineteenth Century*, Los Angeles, Getty Research Institute, 2007, pp. 1-4.

161   D. Almazán Tomás, «La seducción de Oriente: de la *chinoiserie* al japonismo», *Artigrama*, 18, 2003, pp. 93-94.

162   D. Jacobson, *Chinoiseries*, London, Phaidon Press, 1993, p. 119.

163   J. L. Cortés Perruca, «De lo sacro y lo divino. Bordados orientales en iglesias de la diócesis de Tarazona», *Ars & Renovatio*, 7, 2019, pp. 493-503.

164   Véase C. Abad Zardoya, «Los interiores domésticos en la Zaragoza de la Ilustración», en D. Buesa Conde *et al.*, *Pasión por la libertad: la Zaragoza de los Pignatelli*, Zaragoza, Ibercaja, 2016, p. 61; Id., «La vivienda aragonesa de los siglos XVII y XVIII. Manifestaciones del lujo en la decoración de interiores», *Artigrama*, 19, 2004, pp. 409-425.

165   M. Luque Talaván, *Imágenes del mundo: Enrique de Otal y Ric, diplomático y viajero*, Zaragoza, Gobierno de Aragón, 2010, pp. 408-410.

166   R. Carretero Calvo, «Francisco Navarro y...», p. 463, nota 18.

167   Agradezco a María Jesús Pérez, profesora de Historia del Arte del IES Segundo de Chomón, que pusiese en mi conocimiento este ejemplo hasta hoy desconocido para la historiografía. Igualmente, quiero darle las gracias por las largas charlas que hemos mantenido sobre Francisco Moya, conversaciones que han servido para aclarar mis ideas sobre el escultor.

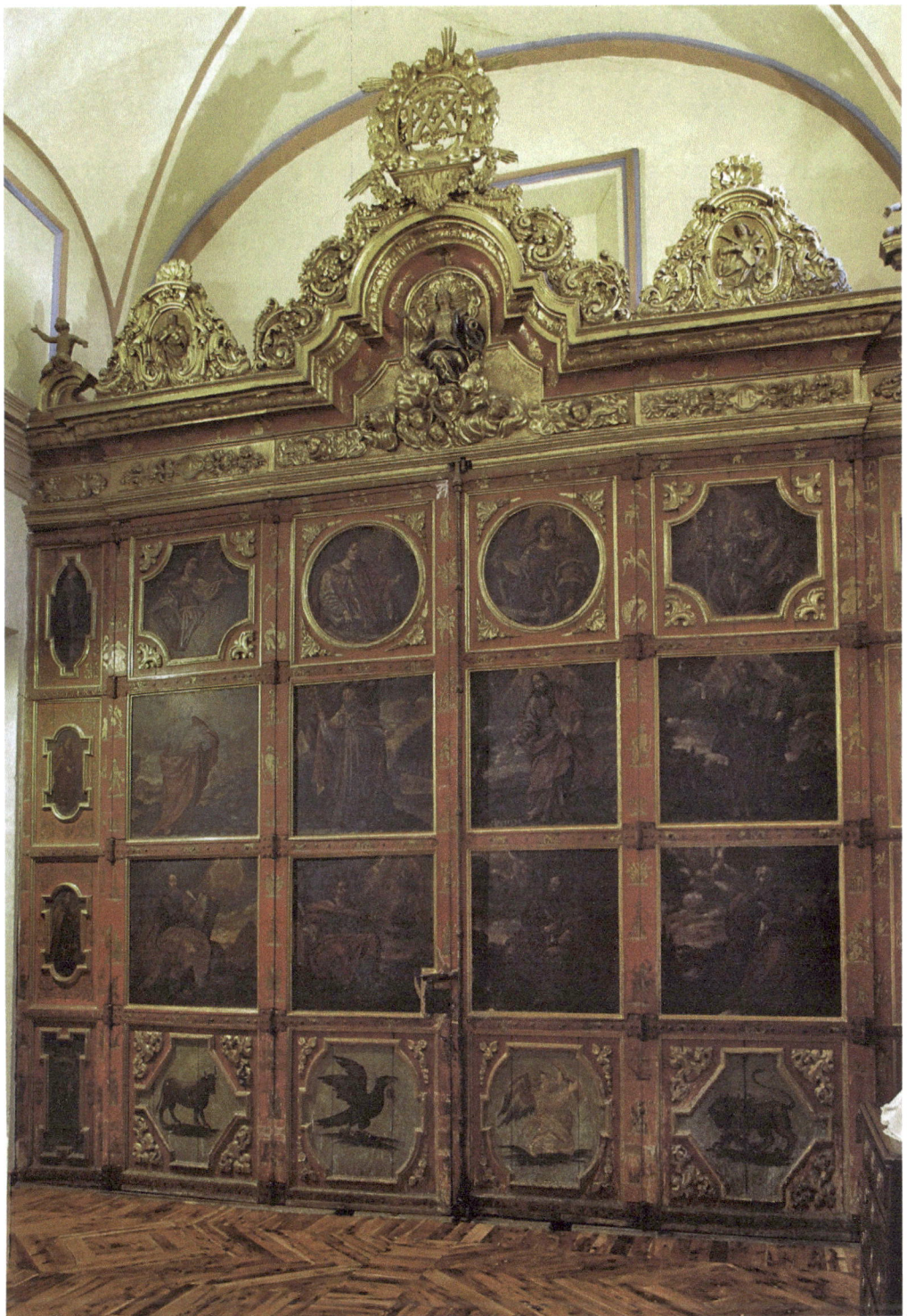

FIG. 56. **Francisco Moya (diseño) y Juan Antonio Conchillos (pintura), armario para plata y joyas, sacristía de la catedral de Santa María de Mediavilla, Teruel, 1743. Imagen: el autor, 2018.**

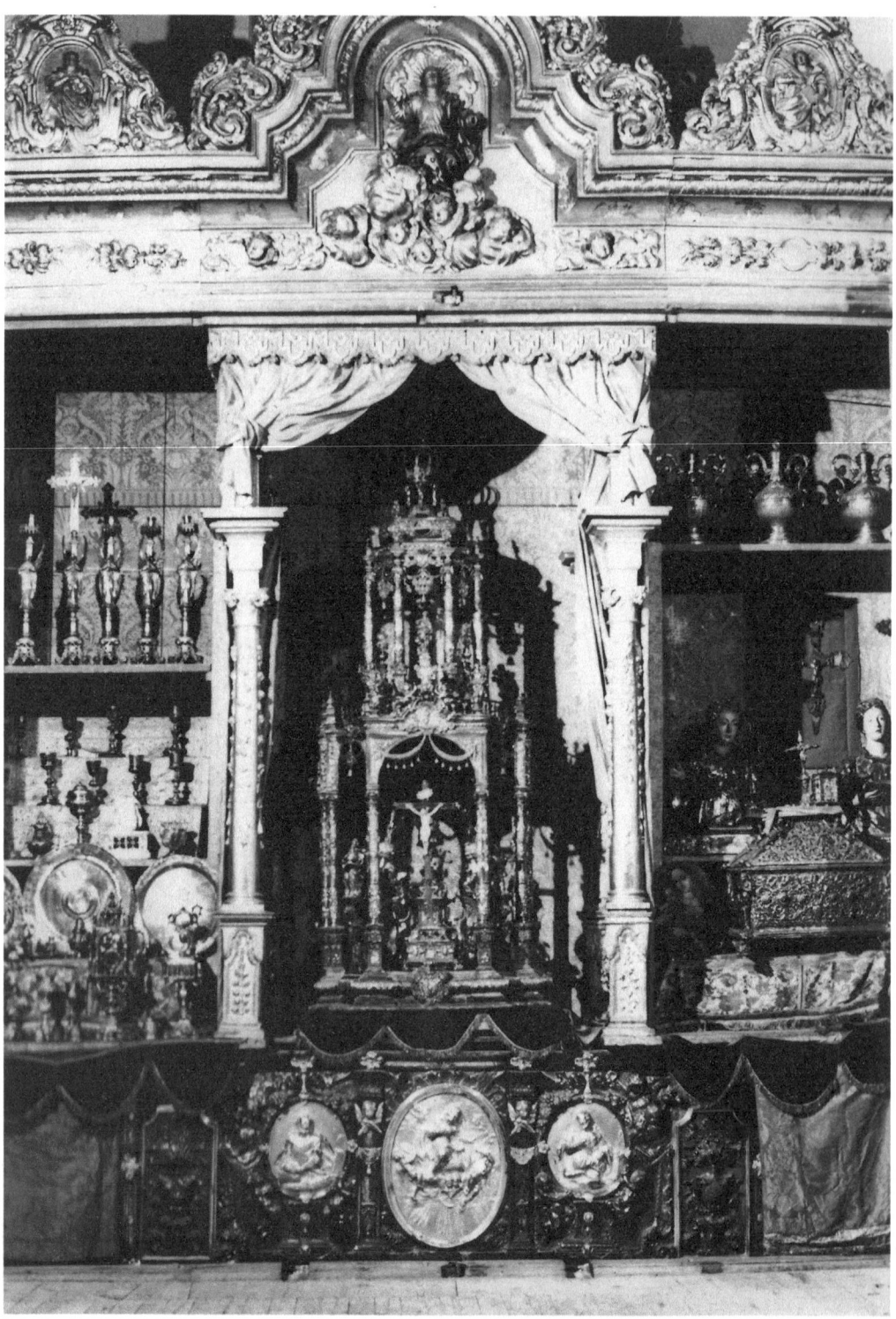

FIG. 57. **Francisco Moya (diseño) y Juan Antonio Conchillos (pintura), armario para plata y joyas con la custodia mayor y el tesoro catedralicio en su interior, sacristía de la catedral de Santa María de Mediavilla, Teruel, 1743. Imagen: Diócesis de Teruel, 1970.**

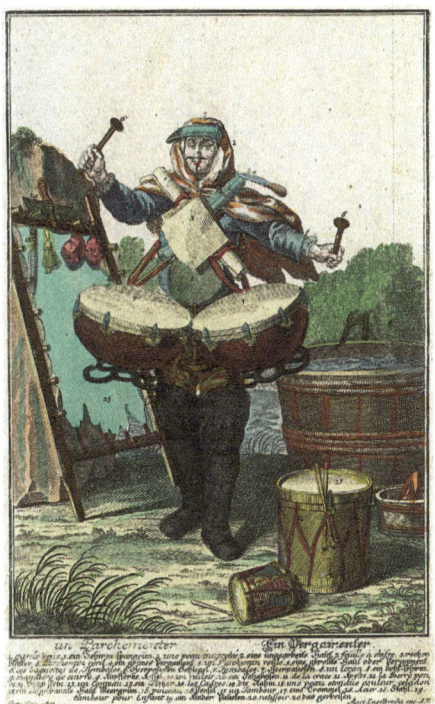

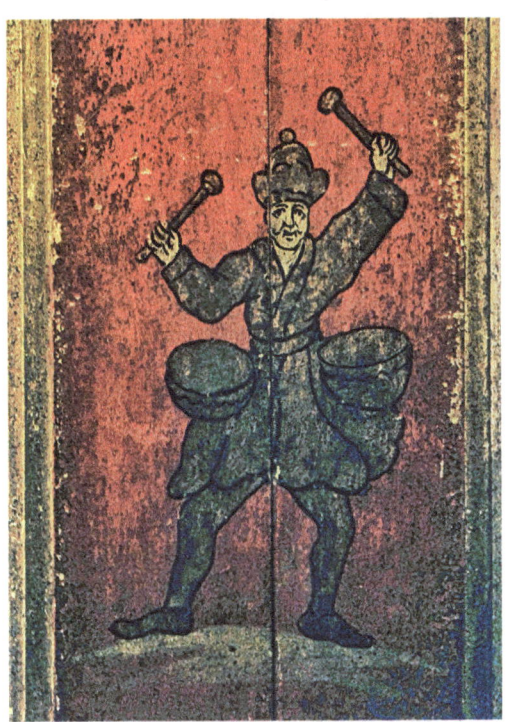

FIG. 58. **Martin Engelbrecht**, *Un Parchementer-Ein Pergamen-ter*, en *Neu-eröffnete Sammlung der mit ihren eigenen Arbeiten und Werkzeugen eingekleideten Künstlern, Handwerkern und Professionen*, British Museum, ca. 1730. Imagen: The Trustees of the British Museum.

FIG. 59. **Francisco Moya (diseño) y Juan Antonio Conchillos (pintura), tamborilero, armario para plata y joyas, sacristía de la catedral de Santa María de Mediavilla, Teruel, 1743. Imagen: el autor, 2018.**

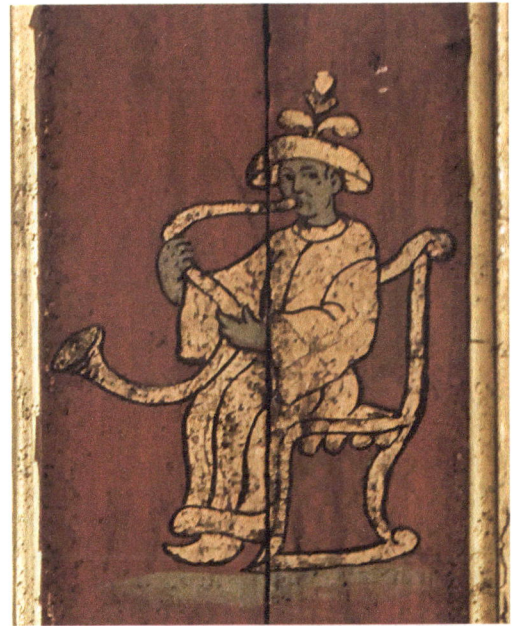

FIG. 60. **Francisco Moya (diseño) y Juan Antonio Conchillos (pintura), músico, armario para plata y joyas, sacristía de la catedral de Santa María de Mediavilla, Teruel, 1743. Imagen: el autor, 2018.**

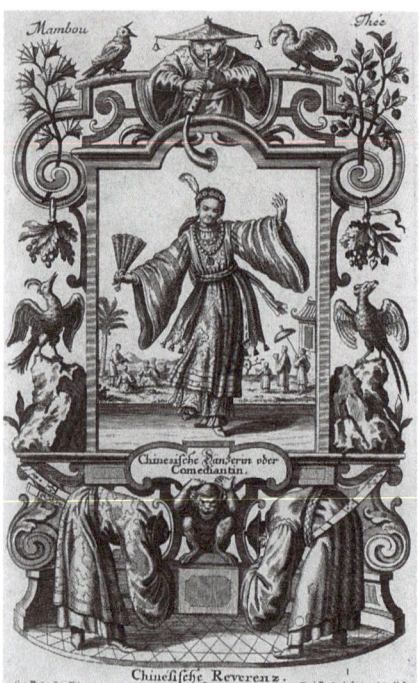

FIG. 61. **Martin Engelbrecht,** *Chinesische tänzerin oder co-* *mediantin,* **en** *Chinesische reverenz,* **Staatliche Kunst-** **sammlungen Dresden, ca. 1701-1750. Imagen: SLUB Dres-** **den. Deutsche Fotothek. Regine Richter.**

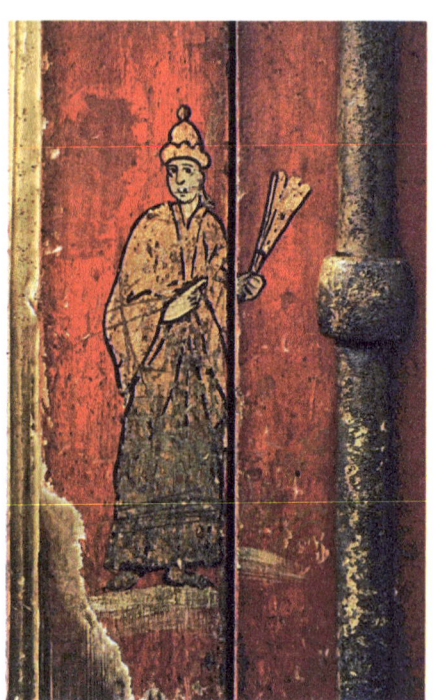

FIG. 62. **Francisco Moya (diseño) y Juan Antonio Conchillos (pintura), comediante, armario para plata y joyas, sacristía de la catedral de Santa María de Mediavilla, Teruel, 1743. Imagen: el autor, 2018.**

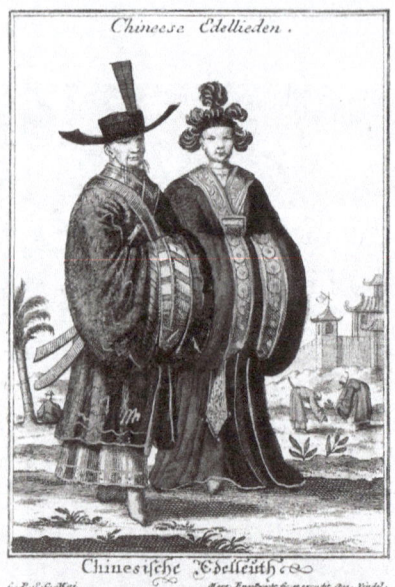

FIG. 63. **Martin Engelbrecht,** *Chinesische Edelleuth,* **en** *In-* *ventions chinoises XVI,* **Staatliche Kunstsammlungen Dresden, ca. 1701-1750. Imagen: SLUB Dresden. Deuts-** **che Fotothek. Regine Richter.**

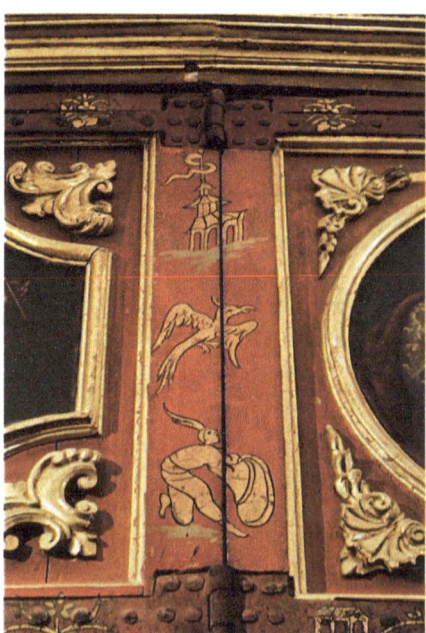

FIG. 64. **Francisco Moya (diseño) y Juan Antonio Conchi-** **llos (pintura), diversas chinerías, armario para plata y jo-** **yas, sacristía de la catedral de Santa María de Mediavilla, Teruel, 1743. Imagen: el autor, 2018.**

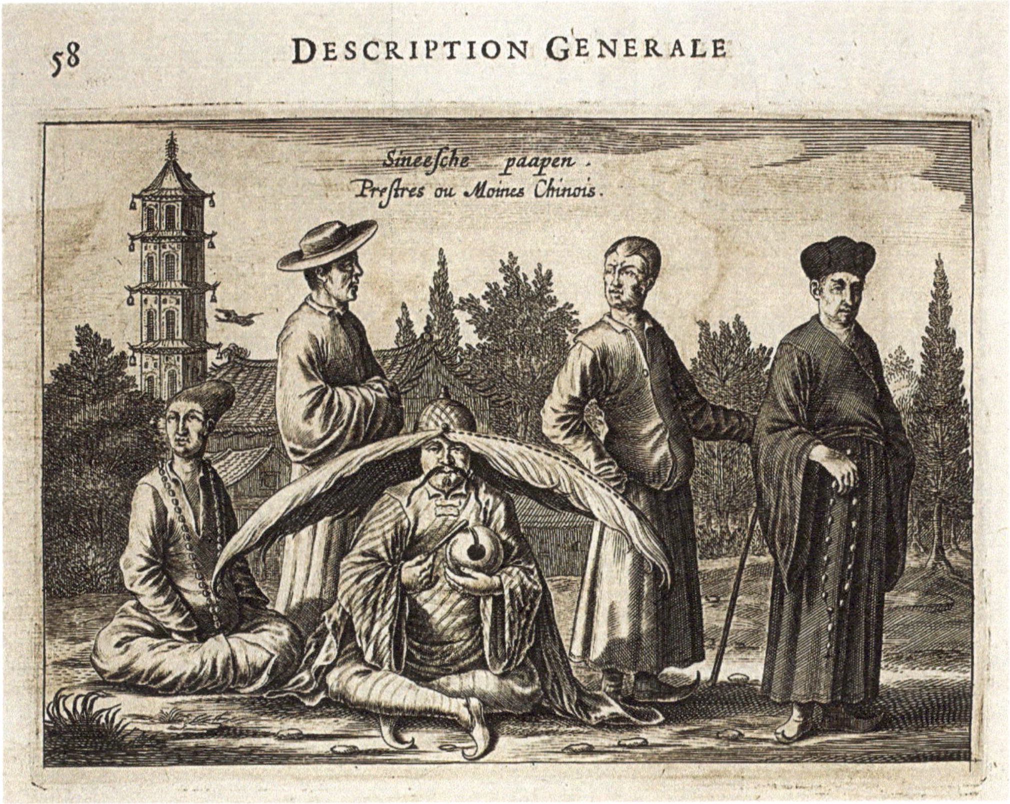

FIG. 65. **Johan Nieuhof,** *Prestes ou moines chinois,* **en J.** NIEUHOF, *L'ambassade de la Compagnie Orientale des Provinces Unies vers l'empe-*
reur de la Chine, **Leyde, Jacob de Meurs, 1665, t. 3, p. 58. Imagen: Wikipedia Commons.**

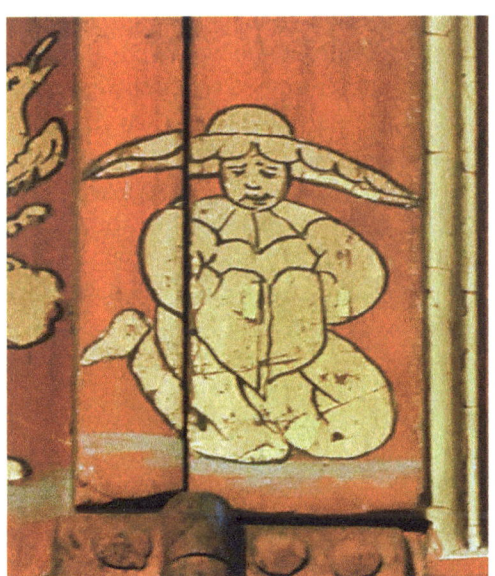

FIG. 66. **Francisco Moya (diseño) y Juan Antonio Conchillos (pintura),**
monje budista mendicante, armario para plata y joyas, sacristía de
la catedral de Santa María de Mediavilla, Teruel, 1743. Imagen: el
autor, 2018.

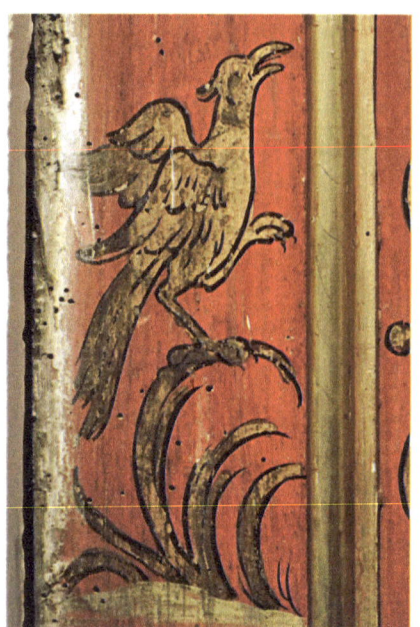

FIG. 67. **Francisco Moya (diseño) y Juan Antonio Conchillos (pintura), ave, armario para plata y joyas, sacristía de la catedral de Santa María de Mediavilla, Teruel, 1743. Imagen: el autor, 2018.**

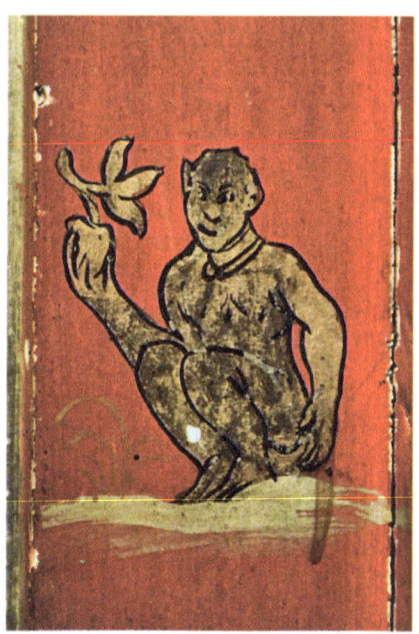

FIG. 68. **Francisco Moya (diseño) y Juan Antonio Conchillos (pintura), mono, armario para plata y joyas, sacristía de la catedral de Santa María de Mediavilla, Teruel, 1743. Imagen: el autor, 2018.**

con cuerpo de marsupial y cola de pájaro. Son simétricos, pues se repiten en las seis calles, y aparecen dispuestos de forma que si se hiciese un pliegue coincidirían perfectamente, exceptuando la franja central.

El artista partió de modelos que circulaban en grabados o estampas de libros para el diseño de las *chinoiseries*. En estas temáticas, que no estaba acostumbrado a ejecutar, mezcló personajes orientales y occidentales, práctica habitual en toda Europa[168]. Los tratados para aprender a barnizar sugieren que los motivos eran dispares y se combinaban sin aparente problema:

> At the end of this book, are several designs for small work, of whose differences their titles will inform you: two others for drawers of Cabinets; one, of all sorts of birds flying in antick figures; two, of birds great and lefs [por: leafs], standing in various postures; another of birds, &c. Two figures of Chinese men and women, in untoward gestures, and habits: others, of flower-pots, sprigs, trees, and the like: Lastly, their Temples, Structures, and Palaces[169].

La fuente principal para Conchillos fueron las imágenes de Martin Engelbrecht, un grabador y editor de Augsburgo activo durante el segundo tercio del siglo XVIII. El pintor las empleó como pun-

168   D. JACOBSON, *op. cit.*, pp. 31-32.

169   «Al final de este libro hay varios diseños para pequeños trabajos, de cuyas diferencias sus títulos le informarán: dos cajones de escritorios; uno, con todo tipo de pájaros volando en figuras grotescas; dos, de pájaros grandes y hojas en varias posiciones; otro de pájaros, etc. Dos figuras de hombres y mujeres chinos, con gestos y labores diversos. Otros, de macetas, ramas, árboles y similares. Por último, sus templos, edificios y palacios», en J. STALKER y G. PARKER, *A teatrise of japaning and varnishing*, Oxford, Mr. Richard Woods House, 1688, p. 40.

to de partida, aunque introdujo algunas variaciones. Una de los más fidedignas es un *parchemen-ter* [figs. 58 y 59], que procede de la serie *Neu-eröffnete Sammlung der mit ihren eigenen Arbeiten und Werkzeugen eingekleideten Künstlern, Handwerkern und Professionen*, una colección de imá-genes editada en Augsburgo en 1730 dedicada a la caracterización de profesiones y oficios. Otro de los músicos debió inspirarse en otra tirada del mismo autor con el nombre *Series of four scrap prints, each showing a number of musicians grouped around a musical instrument*, fechada hacia 1730-1750 y del cual se conservan ejemplares en el British Museum [FIG. 60]. Las figuras que por-tan abanicos se corresponden con bailarines y comediantes [figs. 61-62]. Además, los sombreros de dos personajes que representan a un noble y su mujer [FIG. 63] son coincidentes con otros del armario. Engelbrecht copió estas últimas de la serie *Chineese en Vremden Nasie* del grabador ale-mán Peter Schenk, que se data entre 1682 y 1711[170]. Como se aprecia, estas representaciones tan diversas fueron constantemente reinterpretadas, por eso a veces es difícil identificarlas y encon-trar el nexo con las originales [FIG. 64].

Una figura interesante de rastrear es la de un hombre cubierto con un gran gorro. Se trata de un monje budista mendicante, de la rama de los *mahayana*, que porta un sombrero cónico *dŏulì*, que le sirve «contre les injures des saisons, & des ardeus du soleil»[171], y un tambor de madera para ser golpeado, el *Mu Yu*. Este ayuda a mantener el ritmo cuando se recitan los *sūtras* o los *mantras* y también sirve para recoger la limosna[172]. Lo encontramos representado en reiteradas ocasiones en numerosas obras de los siglos XVII y XVIII. Aparece por primera vez en el libro del viajero sajón Johan Nieuhof [FIG. 65] titulado *L'ambassade de la Compagnie Orientale des Provinces Unies vers l'empereur de la Chine*[173], que narra su viaje desde Cantón a Pekín. Aunque el dibujo original se data en 1665 tuvo tanto éxito que fue copiado en otros libros ilustrados del siglo XVIII, como el tratado titulado *Ceremonies et coutumes religieuses des peuples idolatres* del grabador francés Ber-nard Picart[174], donde se recogen las ceremonias religiosas de diferentes partes del mundo. A partir del original de Nieuhof pasó a formar parte de grabados con ornamentos de Martin Engelbrecht, Christoph Weigel o Johann Georg Heck. En el armario de Teruel la figura es reconocible por el enorme sombrero, pero ha perdido el instrumento y la postura meditativa con que lo representa-ba Nieuhof [FIG. 66].

Abundan también los personajes arrodillados en postura de reverencia. Originalmente, en los li-bros sobre China, figuraban a mendigos golpeando su cabeza contra una piedra suplicando ca-ridad[175], pero con el tiempo pasaron a formar parte de repertorios decorativos sin significado re-

---

170   Véanse las estampas sobre China de este grabador que conserva el Rijksmuseum de Ámsterdam. RIJKSMUSEUM, «Búsqueda: Peter Schenk», *sine die*, en https://www.rijksmuseum.nl/ (fecha de consulta: 10-VI-2019).

171   «Contra las amenazas del tiempo y los ardores del sol», en J. NIEUHOF, *L'ambassade de la Compagnie Orientale des Provinces Unies vers l'empereur de la Chine*, Leyde, Jacob de Meurs, 1665, t. 3, p. 58.

172   Esta tradición aún pervivía en el siglo XX como demuestran las fotografías y las descripciones que aporta el Museum of Applied Arts and Sciences de Australia. MUSEUM OF APPLIED ARTS AND SCIENCES, «Lantern slide showing a mendicant with a drum», en https://collection.maas .museum/object/324234 (fecha de consulta: 10-VI-2019).

173   J. NIEUHOF, *op. cit.*, t. 3, p. 58.

174   B. PICARD, *Ceremonies et coutumes religieuses des peuples idolatres*, Amsterdam, J. F. Bernard, 1723-1728, t. 2, s. f., entre las pp. 226 y 227.

175   *Ibidem*, entre las pp. 228 y 229.

ligioso. En la pieza que nos ocupa se humillan ante la Virgen, gesto que otorga al conjunto un nuevo sentido de triunfo frente al paganismo. También se encuentran en escenas de Engelbretch dedicadas a personajes chinescos que se titulan *Chinoiserie in Umrißlinien, laut Drugulin nach chinesischen Vorbildern gearbeitet.*

La fauna, la flora y la arquitectura son motivos tan comunes y repetitivos en las estampas y libros sobre China que su origen es casi imposible de rastrear. Los animales más frecuentes son los monos, las aves y los lagartos, que también están presentes en la pintura de Conchillos [figs. 67 y 68], y que tienen que ver, de nuevo, con la vertiente fantástica que se asociaba al lugar desde la Edad Media. Los seres reales se confundieron con otros inventados, hibridaciones que había descrito Marco Polo y otros viajeros. Algunos tienen un sentido religioso en China, India y Japón[176], pero muchos son completamente fantasiosos. En este punto, resulta interesante recordar que los escritores coetáneos comenzaron a desmentir algunos mitos sobre estos monstruos, hecho que corrobora un desfase entre las artes plásticas, que los seguían incluyendo en sus repertorios, y la literatura, que empezaba a negarlos. Es el caso de la *Demonstracion critico-apologetica del Theatro Critico Universal*, escrita por el benedictino Benito Jerónimo Feijoo y publicada en 1732:

> Marco Paulo Veneto, à quien citan en confirmacion del Unicornio fabuloso [...]. Dice que es menor que el elefante; que tiene los pies à su similitud; que tiene la cabeza como javalì [...]. Señales son estas individuales del *rhinoceronte*, y nada propias del unicornio en question[177].

Por último, se deben comentar las figuras de monos o *singeries* que durante el Barroco estuvieron de moda. Se trata de representaciones de estos animales con actitudes humanas. Como las chinerías, las monerías fueron especialmente apreciadas en las artes decorativas y son abundantes en muebles, estucos, pinturas o cerámicas. Se emplearon también para los objetos y decoraciones de *chinoiseries* porque el culto al mono fue explicado en los tratados europeos sobre las religiones orientales y difundido mediante grabados[178].

RETABLOS MAYORES EN LAS IGLESIAS DE LA CAPITAL

Tras haber trabajado en la catedral de Santa María de Mediavilla, Francisco Moya experimentó una bonanza profesional extraordinaria durante las décadas de 1740 y 1750, seguramente motivada por la fama que adquirió trabajando al servicio episcopal y catedralicio. En este momento se le encargan sus tres grandes obras: el retablo de la iglesia de la Compañía de Jesús, su semejante en la desaparecida iglesia de San Juan y su homólogo en la iglesia de San Miguel. Las tres, no obstante, han corrido suertes muy dispares. La primera desapareció casi totalmente en la pasada Guerra Civil, aunque con motivo de este libro expondremos los restos que permiten su estudio pormenorizado. Las dos últimas, que se conservan prácticamente enteras, han mudado de su ubicación original.

---

176 Revísese la disertación sobre los cultos en China de Bernad Picart que aparece en B. PICARD, *op. cit.*, t. 2, pp. 302-306.

177 B. J. FEIJOO, *Demonstracion critico-apologetica del Theatro Critico Universal*, Madrid, Viuda de Francisco del Hierro, 1732, t. 1, p. 311.

178 B. PICARD, *op. cit.*, t. 2, pp. 302-303.

El retablo mayor
de la iglesia de la Compañía de Jesús

La construcción de la iglesia de la Compañía de Jesús de Teruel se inició el 15 de agosto de 1746, cuando Francisco Pérez de Prado puso la primera piedra de este conjunto en el que desembolsó más de 113.000 pesos[179]. Su retablo mayor [figs. 69, 70 y 71], el más colosal que jamás haya albergado la ciudad, tradicionalmente se ha atribuido a Francisco Moya[180], hecho que parece bastante probable teniendo en cuenta que el obispo siempre confió en él para las grandes empresas artísticas.

Aunque se cree que debió ejecutarse a comienzos de la década de los 50 del siglo XVIII y que, por lo tanto, es la última obra del escultor, pensamos que se trata del primero de los tres grandes altares del ocaso profesional de Moya. Formalmente está emparentado con sus homólogos en las parroquiales de San Miguel y San Juan. Todos presentan ciertas soluciones formales extraídas del tratado *Perspectiva pictorum et architectorum* de Andrea Pozzo, una publicación muy popular que se impuso como modelo para edificios y adornos de la orden jesuita[181]. Lo más sensato, pues, es pensar que el artista conoció el libro porque sus mecenas le pidieron imitar una de sus estampas y que, a partir de entonces, él aplicó lo aprendido en otros trabajos.

Todo el proceso que rodea a la construcción del edificio y su altar mayor es hoy un misterio por la falta de documentación debido a su total desaparición en la Guerra Civil. Por eso, las breves noticias que podemos apuntar son las que nos ofrecen los autores decimonónicos, las fotografías históricas y los datos que recoge Ana María Gimeno en su tesis doctoral exhumados de los fondos del Archivo Histórico Nacional de Madrid[182].

Según Manuel Eixarch, el obispo quiso consumar la fundación de una iglesia y un colegio jesuítico porque fueron estos religiosos los que le enseñaron su devoto amor por la Virgen, y «á fin de que se restaurasen los estudios por los sabios Jesuitas segun la pauta del siglo diez y seis, y se promoviese por todas partes la mayor gloria de Dios y de su Santisima Madre»[183]. Así pues, el establecimiento se consagró a la Virgen de los Dolores. Al morir Pérez de Prado, el 10 de julio de 1755, quiso ser enterrado en el edificio que él mismo había costeado, en el interior de un monumento de mármol dispuesto en el lado derecho del presbiterio[184]. Para esta fecha ya debía estar concluida la fábrica, pues apunta Cosme Blasco y Val que se acometió en el plazo de siete años[185], entre 1746 y 1753.

Su estructura [FIG. 72] constaba de sotabanco, banco, cuerpo dedicado a la Virgen de los Dolores y ático, muy desarrollado, presidido por la imagen de san Ignacio de Loyola, fundador de la Compañía de Jesús. Las calles se articulaban mediante parejas de columnas de capitel de orden compuesto. Su fuste se organizaba en cuatro tambores anillados. El superior, alargado y esbelto, se decoró con guirnaldas colocadas helicoidalmente; del intermedio y el tercero, los más estrechos,

179 A. M. GIMENO PICAZO, *Las artes en...*, t. 1, p. 271.

180 *Ibidem*, p. 360.

181 R. CARRETERO CALVO, «Recepción del tratado del jesuita Andrea Pozzo en Aragón», *Locus Amoenus*, 15, 2017, p. 118.

182 Revísese en A. M. GIMENO PICAZO, *Las artes en...*, t. 1, pp. 270-276.

183 M. EIXARCH SANTAPAU, *op. cit.*, p. 142.

184 *Ibidem*, pp. 142-143.

185 C. BLASCO Y VAL, *op. cit.*, p. 80.

cuelgan telas, frutos y flores; mientras que el inferior –el cuarto del imoscapo– mostraba temas bíblicos en relieve.

En el ático, las columnas eran de perfil retorcido, con seguridad extraídas del tratado de Andrea Pozzo[186] [FIG. 73], como bien apuntó Santiago Sebastián[187]. Contemporáneamente, el escultor Francisco Navarro empleó este mismo motivo para las decoraciones en yeso de la puerta de la sacristía en la iglesia de Santa María la Mayor de Calamocha[188] [FIG. 74]. Es posible que Navarro conociese la gran empresa que se estaba llevando a cabo en Teruel y se inspirase en ella, aunque tampoco podemos descartar que tuviera en su poder o hubiera podido consultar un ejemplar de dicho tratado[189].

Aunque se ha elegido esta obra como ejemplo representativo, muchos retablos del siglo XVIII en la provincia de Teruel utilizaron idénticas columnas en la parte del ático. Además, se sabe que los volúmenes de Pozzo se encontraban en la biblioteca del chantre Joaquín Ibáñez García (Odón, 1720-Teruel, 1787), aspecto que estamos estudiando en una publicación inédita, pero no se puede precisar la implicación de este prelado en los proyectos mencionados.

El sotabanco estuvo poblado de decoración de rocalla y unas armas heráldicas que las fotografías no permiten distinguir en detalle, aunque seguramente se correspondiesen con las del obispo Pérez de Prado. En el banco se encontraban los primeros relieves historiados repartidos por toda su superficie, además de dos parejas de atlantes en actitud de lucha y policromados en dorado y negro[190]. Parecen distinguirse el arca de Noé, a la izquierda de la imagen; la matanza de los Inocentes y algún banquete bíblico, a la derecha.

Interrumpiendo la zona de la predela se hallaba el clásico sagrario dieciochesco de volúmenes pronunciados. Se articulaba de forma parecida al que el escultor había trabajado años atrás en la catedral, con columnillas pareadas y el fuste adornado con guirnaldas flanqueando las puertas del expositor. Estas se aprovecharon para mostrar la escena principal: la última cena sobre el monograma de Jesucristo y emblema de la Compañía de Jesús –IHS–. Como ocurre en el ostensorio de Santa María de Mediavilla, Moya dividió la composición en dos planos. Aunque los clichés no permiten visualizar qué tema o temas incluyó, en el registro inferior parecen distinguirse numerosos personajes colocados en posición de isocefalia. En el remate, sobre los capiteles de las columnas, se situaron varios angelotes en actitud de alborozo que sujetan las *arma Christi* –concretamente un clavo y un martillo– y, por último, dos ángeles sosteniendo la cruz justo encima.

Sobre la cornisa del banco diferenciamos a cuatro personajes que completan el significado del sagrario con otros instrumentos de la Pasión. El primero, en el lado del evangelio, porta la columna de la flagelación. El segundo enseña la faz de Cristo estampada sobre el sudario. El tercero sujeta el manto de púrpura con el que Pilatos mandó vestir a Cristo y que aquí parece el hábito jesuita, seguramente para remarcar la institución del sacerdocio. El último, agarra un cáliz por su caña. Bajo ellos, tanto en la mazonería como en las columnas, se emplazaron otros relie-

---

186   A. Pozzo, *Perspectiva pictorum et architectorum*, Romæ, Joannis Jacobi Komarek Bohemi, 1693, t. 2, s. f., fig. 75.

187   S. Sebastián, «La decoración manierista...», p. 110.

188   R. Carretero Calvo, «Francisco Navarro y...», p. 464.

189   Acerca de la presencia de formas pozzescas en tierras aragonesas véase R. Carretero Calvo, «Recepción del tratado...», pp. 117-138.

190   Quizás, en origen, presentasen una capa de plata corlada que se ha oxidado y ennegrecido.

ves narrativos difíciles de identificar. Conocemos dos fustes que se conservaron parcialmente y se recolocaron en la capilla del Santo Cristo de la iglesia de San Andrés [FIGS. 75 y 76], uno con la expulsión de los mercaderes del templo y otro cuyo tema no determinamos –quizás alusivo a la vida de san Ignacio–.

La Virgen de los Dolores ocupa un edículo de formas mixtilíneas en el centro del retablo. Muestra el sagrado corazón, atravesado por siete espadas, y va coronada. Encima de ella se colocó un pequeño friso con decoración de rocalla y el monograma mariano bajo un querubín. Sobre este último dos pequeños ángeles portaban la corona de espinas para entregarla a la titular. A la misma altura, en las calles laterales, otros dos santos reposaban empotrados dentro de hornacinas. Una de ellas, la de su izquierda, es María Magdalena penitente con la calavera en una de sus manos. El otro es san Juan Evangelista en la isla de Patmos, imberbe, con el libro y el águila a sus pies en el momento de la revelación del Apocalipsis. En los relieves dispuestos sobre sus cabezas creemos distinguir a Cristo resucitado apareciendo frente a María Magdalena y a Jesús ya fallecido, pues está semidesnudo, en otro momento que no conseguimos diferenciar.

En el ático, san Ignacio de Loyola se alzaba sobre un globo terráqueo con la abreviatura IHS entre rayos solares a modo de corona y la alegoría de las cuatro partes del mundo caracterizadas como mujeres con diferentes tocados y vestimentas[191]. Logramos identificar a Europa porque lleva una construcción entre sus manos, seguramente una iglesia. Se indica así la importante labor evangelizadora y misionera de los jesuitas. El santo enseña con una mano el emblema de la agrupación y con la otra un libro con el lema «AD MAJOREM DEI GLORIAM». El exorno se completó con decoración vegetal de entre la que emergían ángeles que parecen sostener tondos con retratos –quizás de algunos miembros destacados de la organización–. Culmina el conjunto una trinidad, con Dios Padre, Cristo sujetando la cruz y el Espíritu Santo, entre ángeles, solución muy similar a la del retablo del templo de San Miguel arcángel.

En los almacenes diocesanos se han conservado algunas partes de la obra, quemadas y troceadas, que hemos podido identificar comparándolas con las fotografías del fondo de Jaime Fernández Fuertes que conserva el Instituto de Estudios Turolenses. Han llegado hasta nuestros días dos parejas de atlantes [FIGS. 77 y 78], la Magdalena penitente con el cráneo [FIG. 79], que ha perdido su policromía, el joven que portaba el sudario de Cristo [FIG. 80], san Ignacio de Loyola decapitado sobre medio globo terráqueo [FIG. 81], una de las columnas pozzescas del ático [FIG. 82], un fragmento de la cruz que remataba el ostensorio con los dos ángeles que la sostienen [FIG. 83] y dos tambores de las columnas inferiores con relieves fragmentarios [FIGS. 84 y 85] –que se suman a los ya conocidos de la iglesia de San Andrés–. Gracias a su supervivencia podemos imaginarnos cómo fue la policromía y plantear una hipotética reconstrucción [FIG. 86].

Además, entre los restos de la iglesia de la Compañía de Jesús hay muchas otras figuras que presentan un rictus y un movimiento característico que las acerca al estilo de Francisco Moya. Posiblemente el escultor trabajara en otros altares de las capillas laterales del templo. No obstante, al haberse conservado fragmentariamente y sin fotografías, no nos atrevemos a hacer una atribución.

---

191 Un paralelo iconográfico puede verse en el lienzo que representa la *Alegoría del triunfo de los jesuitas en las cuatro partes del mundo* de la iglesia de San Pedro de Lima, en PROYECTO ESTUDIOS INDIANOS, «Búsqueda: San Ignacio de Loyola», *sine die*, en http://estudiosindianos.org/glosario-de-indias/alegoria-del-triunfo-de-los-jesuitas-en-las-cuatro-partes-del-mundo/ (fecha de consulta: 6-IX-2019).

Francisco Moya. Un escultor al servicio episcopal en el Teruel del siglo XVIII

78

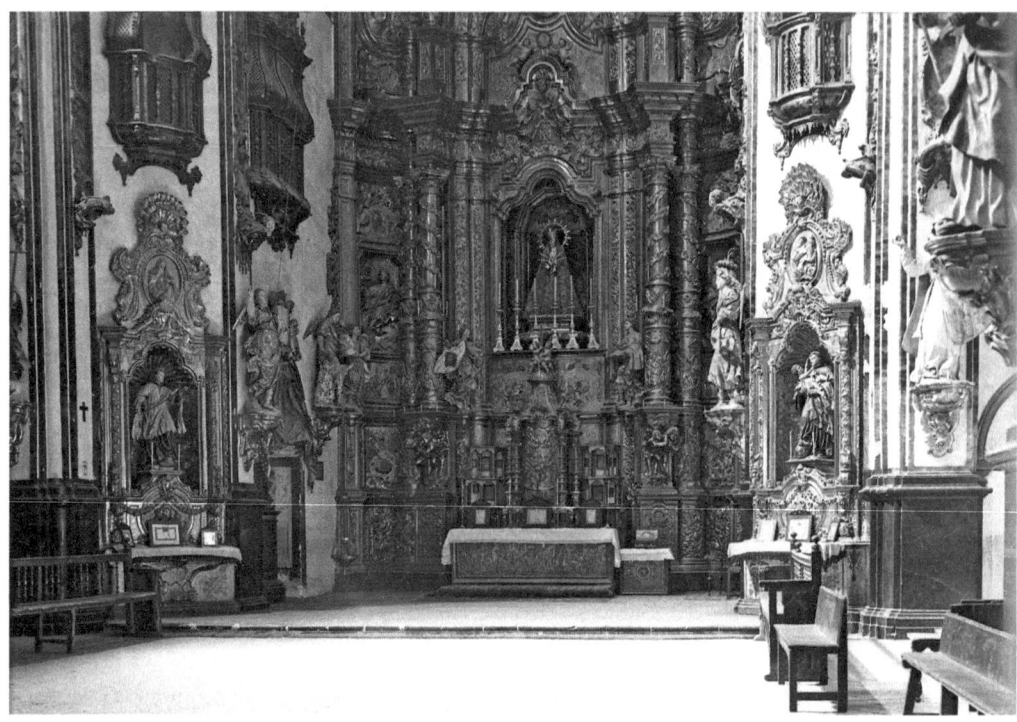

FIG. 69. **Francisco Moya, retablo de la iglesia de la Compañía de Jesús, Teruel, ca. 1746. Imagen: Jaime Fernández Fuertes, a. 1936, Instituto de Estudios Turolenses.**

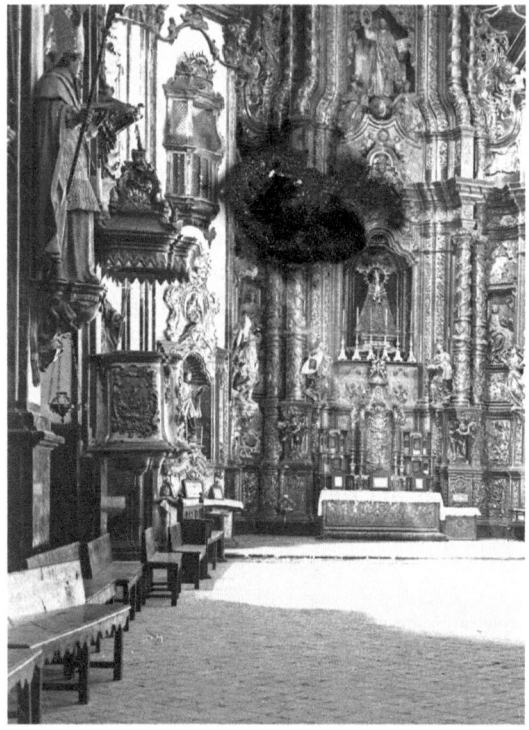

FIG. 70. **Francisco Moya, retablo de la iglesia de la Compañía de Jesús, Teruel, ca. 1746. Imagen: Jaime Fernández Fuertes, a. 1936, Instituto de Estudios Turolenses.**

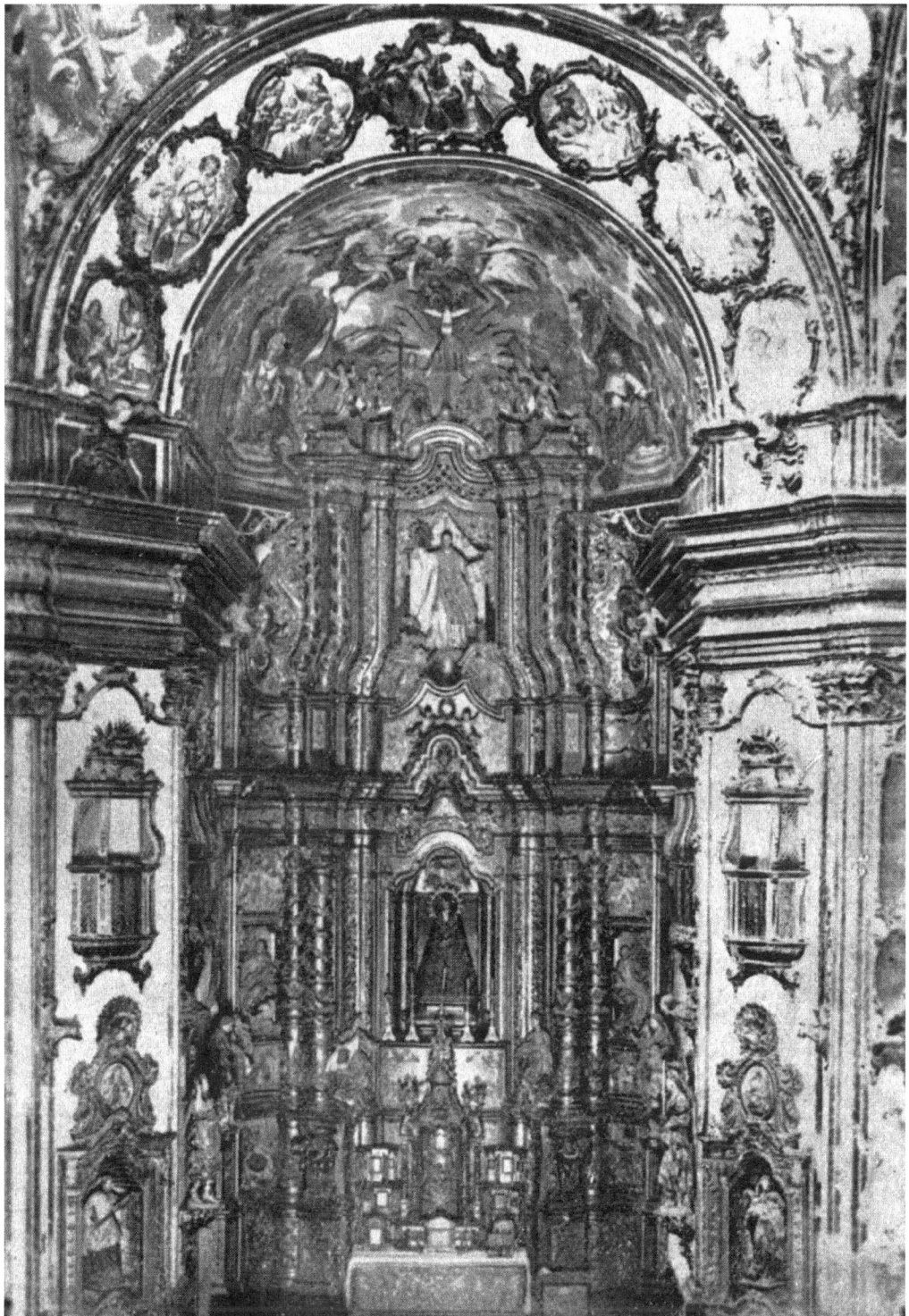

FIG. 71. **Francisco Moya, retablo de la iglesia de la Compañía de Jesús, Teruel, ca. 1746. Imagen: autor desconocido,** *sine die*, **cedida por María Jesús Pérez Hernández.**

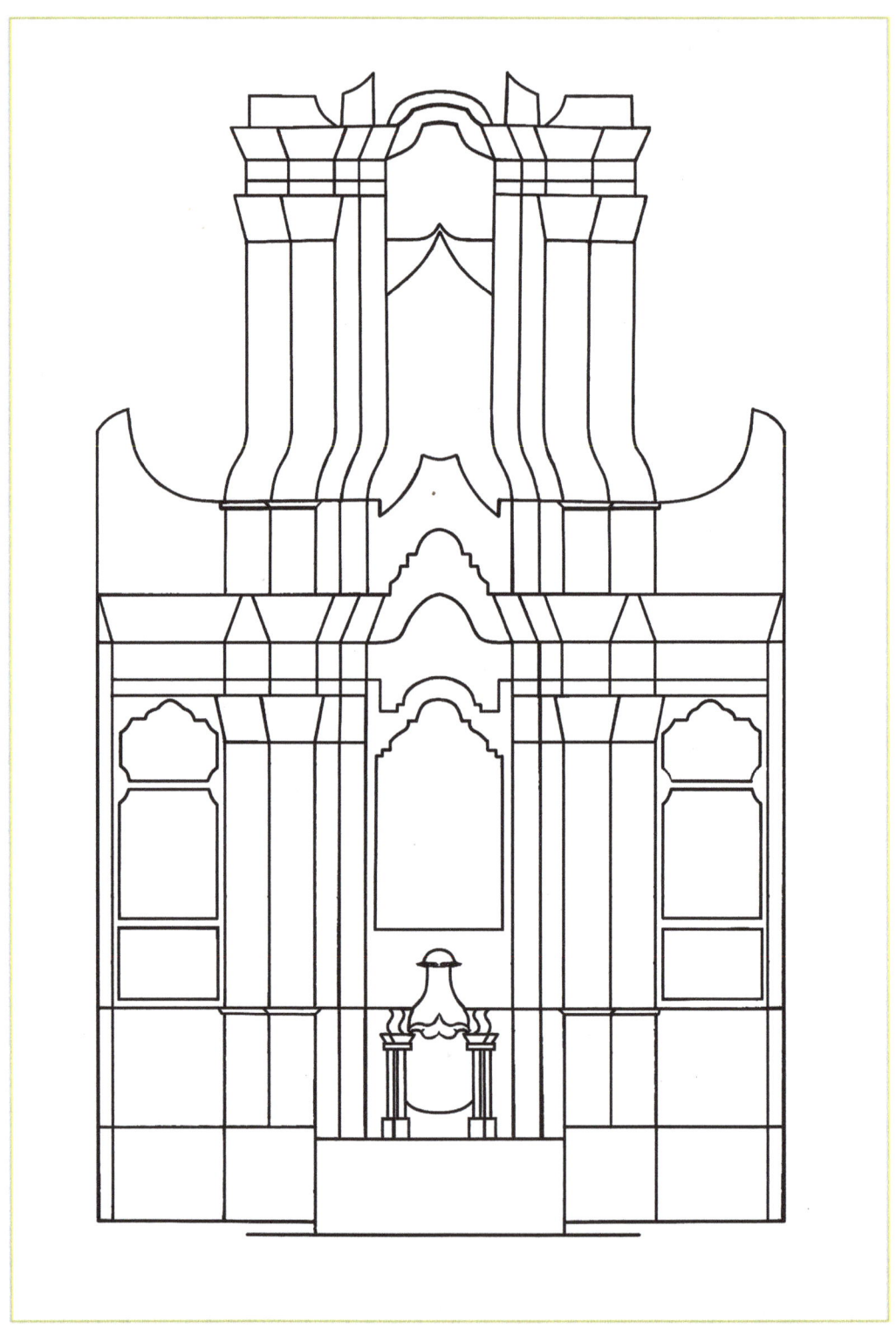

FIG. 72. **Francisco Moya, estructura del retablo de la iglesia de la Compañía de Jesús, Teruel, ca. 1746. Dibujo: Marc Millan Rabasa, 2019.**

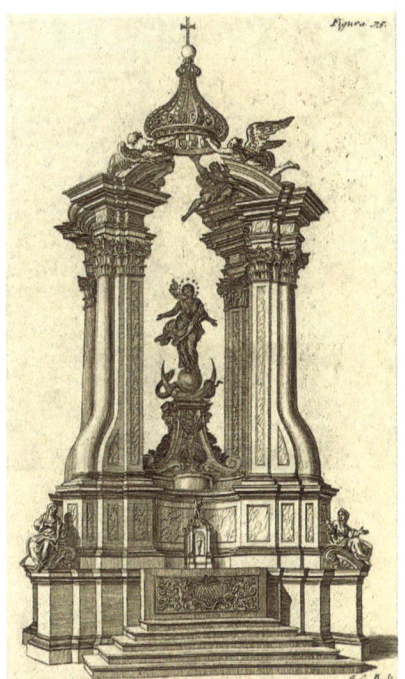

FIG. 73. **Andrea Pozzo, figura 75 del tomo 2 del tratado** *Perspectiva pictorum et architectorum*, **1693. Imagen: Biblioteca Nacional de España.**

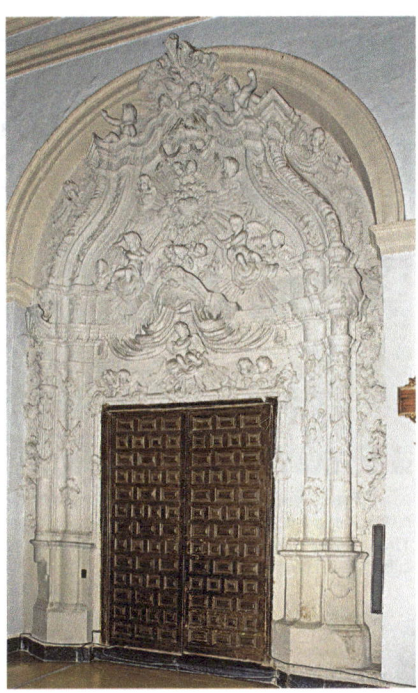

FIG. 74. **Francisco Navarro (atribuido), decoración en yeso de la puerta de la sacristía de la iglesia parroquial de Santa María la Mayor de Calamocha, ca. 1755. Fotografía: Rafael Lapuente, 2012.**

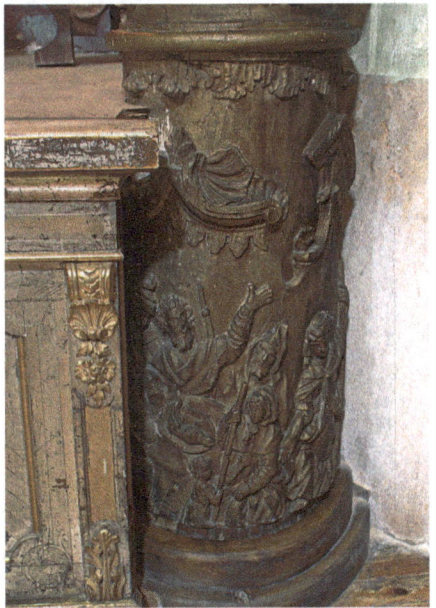

FIG. 75. **Francisco Moya, resto de una columna del antiguo retablo de la iglesia de la Compañía de Jesús, Teruel, ca. 1746. Imagen: el autor, 2018.**

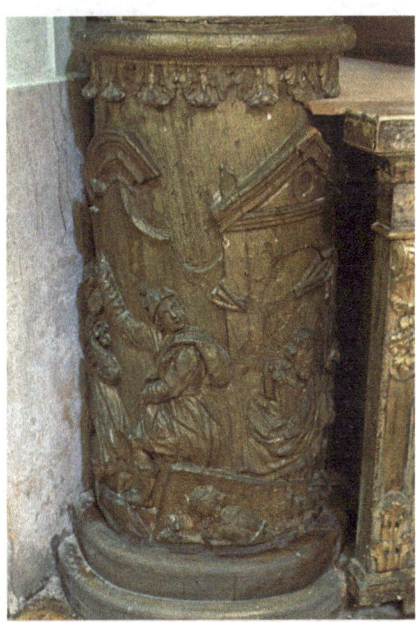

FIG. 76. **Francisco Moya, expulsión de los mercaderes del templo, resto de una columna del antiguo retablo de la iglesia de la Compañía de Jesús, Teruel, ca. 1746. Imagen: el autor, 2018.**

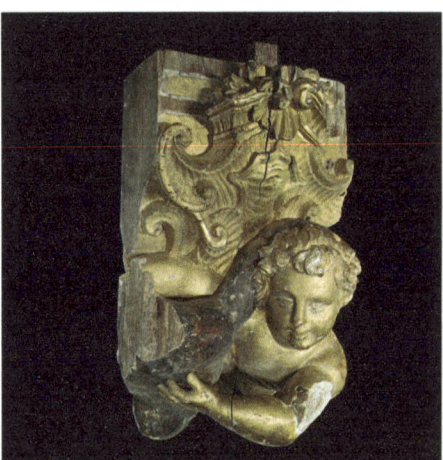

FIG. 77. **Francisco Moya, pareja de atlantes, resto del antiguo retablo de la iglesia de la Compañía de Jesús, Teruel, ca. 1746. Imagen: Diócesis de Teruel, 2002, cedida por Pedro Luis Hernando Sebastián.**

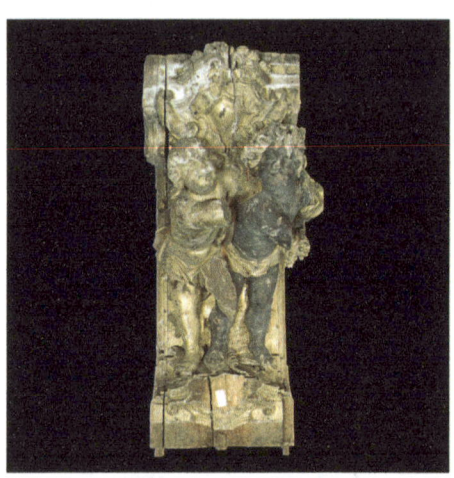

FIG. 78. **Francisco Moya, pareja de atlantes, resto del antiguo retablo de la iglesia de la Compañía de Jesús, Teruel, ca. 1746. Imagen: Diócesis de Teruel, 2002, cedida por Pedro Luis Hernando Sebastián.**

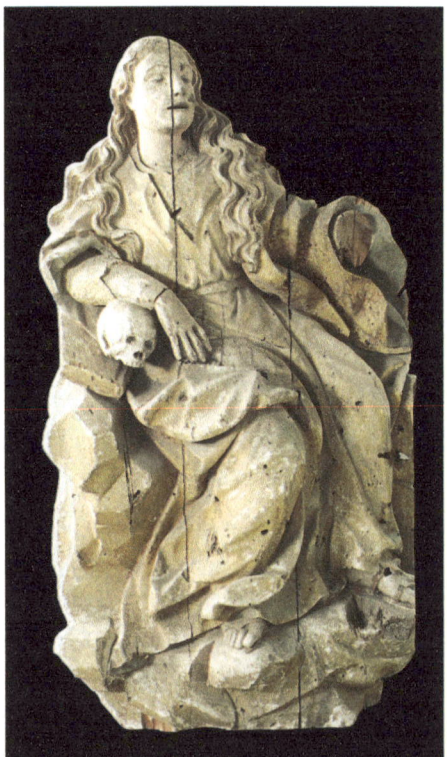

FIG. 79. **Francisco Moya, Magdalena penitente, resto del antiguo retablo de la iglesia de la Compañía de Jesús, Teruel, ca. 1746. Imagen: Diócesis de Teruel, 2002, cedida por Pedro Luis Hernando Sebastián.**

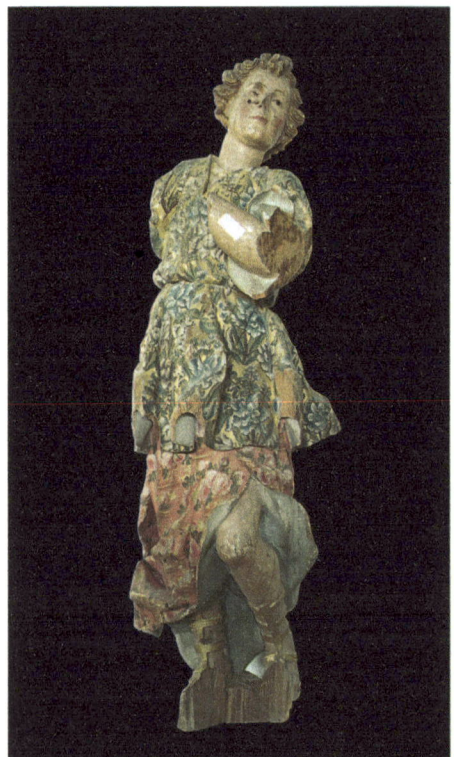

FIG. 80. **Francisco Moya, joven que portaba el sudario de Cristo, resto del antiguo retablo de la iglesia de la Compañía de Jesús, Teruel, ca. 1746. Imagen: Diócesis de Teruel, 2002, cedida por Pedro Luis Hernando Sebastián.**

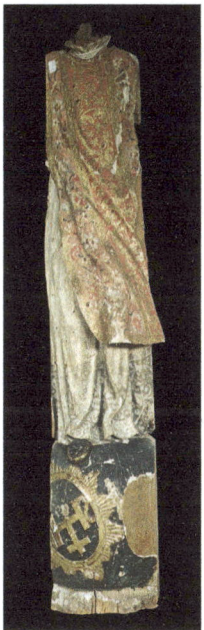

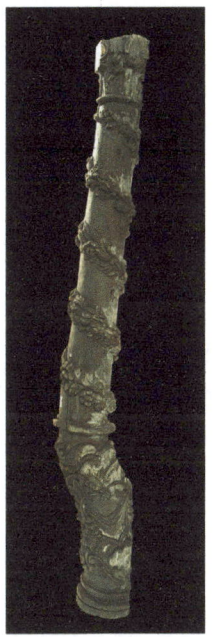

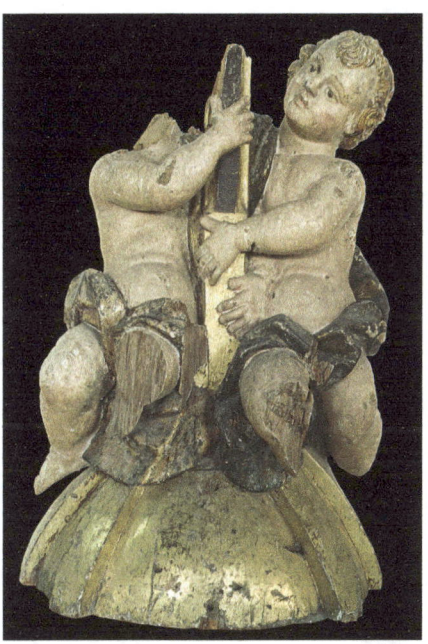

FIG. 81. **Francisco Moya, san Ignacio de Loyola, resto del antiguo retablo de la iglesia de la Compañía de Jesús, Teruel, ca. 1746. Imagen: Diócesis de Teruel, 2002, cedida por Pedro Luis Hernando Sebastián.**

FIG. 82. **Francisco Moya, columna pozzesca, resto del antiguo retablo de la iglesia de la Compañía de Jesús, Teruel, ca. 1746. Imagen: Diócesis de Teruel, 2002, cedida por Pedro Luis Hernando Sebastián.**

FIG. 83. **Francisco Moya, ángeles sosteniendo un fragmento de la cruz, resto del antiguo retablo de la iglesia de la Compañía de Jesús, Teruel, ca. 1746. Imagen: Diócesis de Teruel, 2002, cedida por Pedro Luis Hernando Sebastián.**

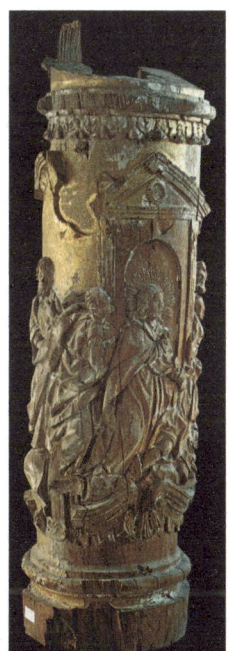

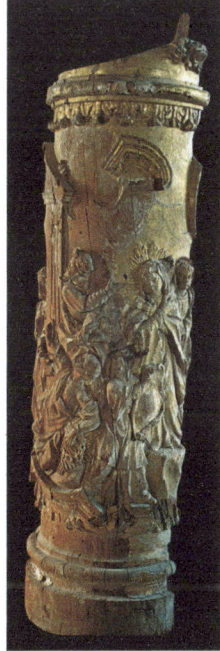

FIG. 84. **Francisco Moya, resto de columna historiada del antiguo retablo de la iglesia de la Compañía de Jesús, Teruel, ca. 1746. Imagen: Diócesis de Teruel, 2002, cedida por Pedro Luis Hernando Sebastián.**

FIG. 85. **Francisco Moya, resto de columna historiada del antiguo retablo de la iglesia de la Compañía de Jesús, Teruel, ca. 1746. Imagen: Diócesis de Teruel, 2002, cedida por Pedro Luis Hernando Sebastián.**

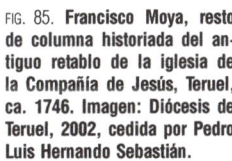

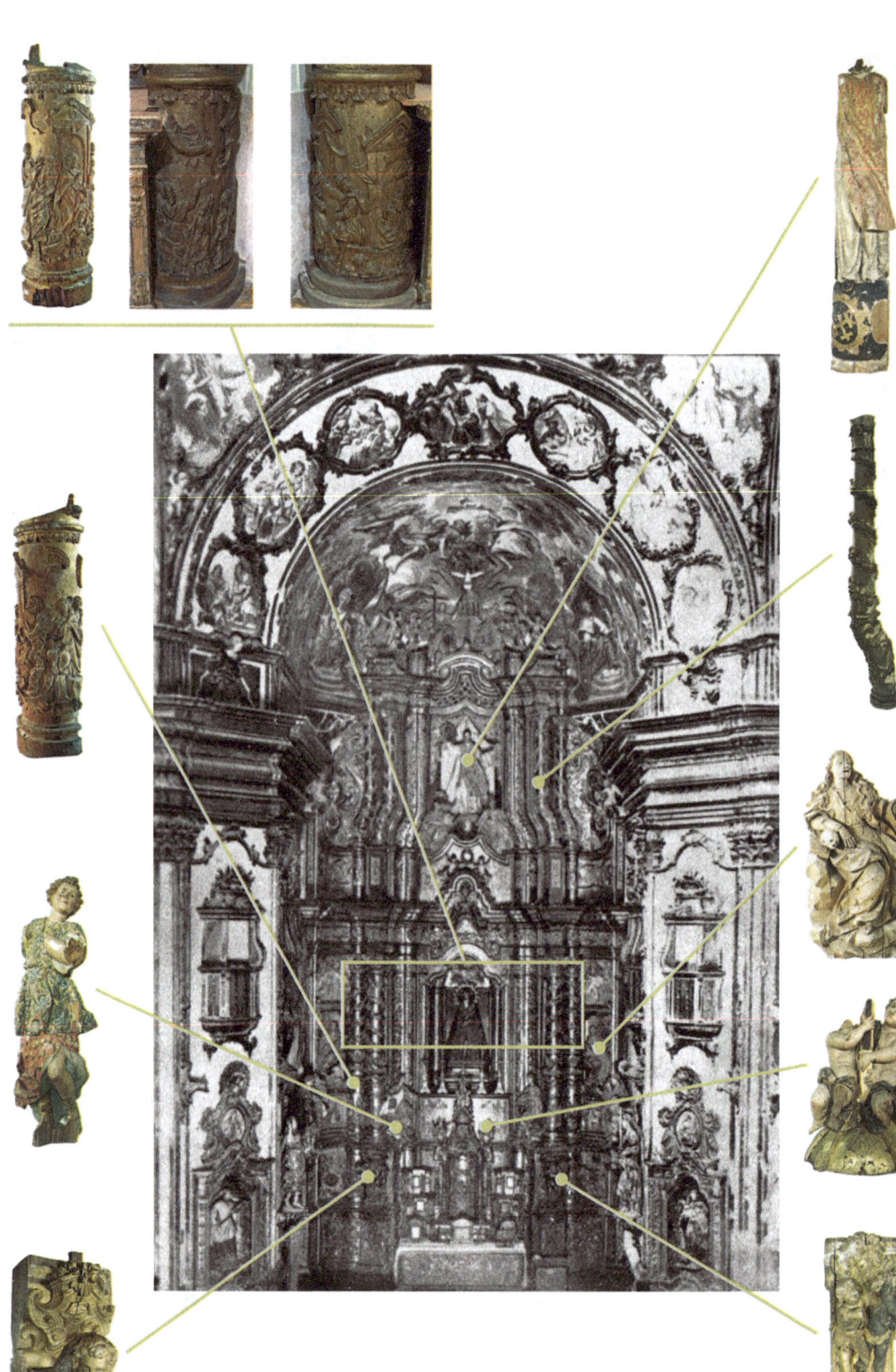

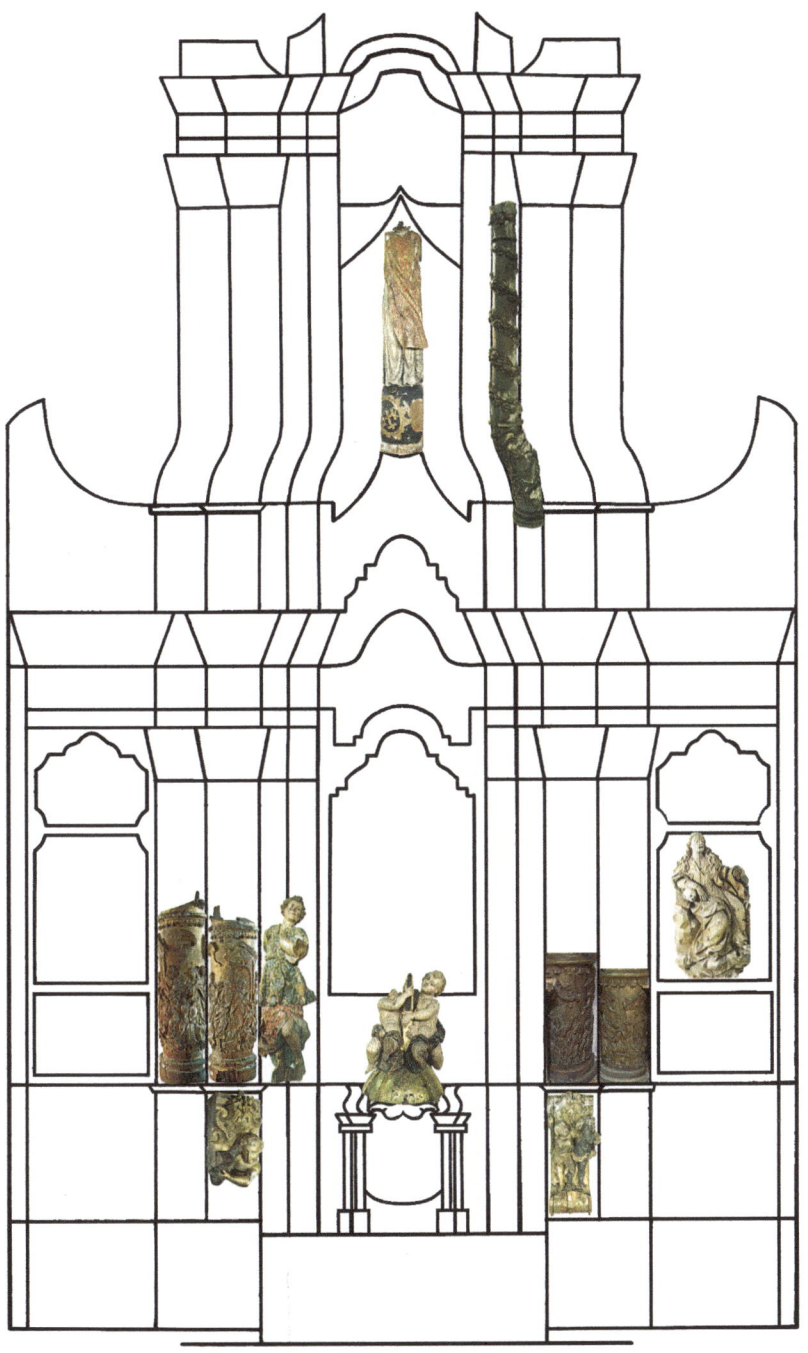

FIG. 86. **Francisco Moya, restos del antiguo retablo de la iglesia de la Compañía de Jesús, Teruel, ca. 1746. Reconstrucciones: el autor, 2019.**

Francisco Moya. Un escultor al servicio episcopal en el Teruel del siglo XVIII

86

El retablo mayor de la iglesia de San Juan

El retablo de la iglesia de San Juan es el único de este escultor del que conocemos un contrato. Sabemos que fue firmado con los racioneros del templo, José Martínez Blesa y Atanasio Chiminer, el 22 de abril de 1747 ante el notario José Hernández Sánchez[192]. El análisis de este documento es interesante porque ofrece pistas sobre la dimensión del trabajo de los escultores en el siglo XVIII y porque establece algunas condiciones que fueron modificadas con posterioridad.

La obra se contrató con el maestro escultor Francisco Moya, pero para desempeñar su labor contó con la ayuda del carpintero Pedro Villa, del maestro alarife Francisco Salesa y del oficial escultor José Martín de Aldehuela. Estas denominaciones son interesantes porque nos ayudan a comprender los diferentes trabajos que desempeñaba un taller. El maestro escultor dirigía las obras y se encargaba de ejecutar las partes de mayor relevancia[193], dado que era el «examinado y aprobado en algun oficio mecánico»[194]. El término carpintero, como hemos explicado con anterioridad, engloba los trabajos de la madera. Por eso, delimitar sus tareas resulta más difícil. El alarife, por su parte, era la persona capacitada para dirigir obras de arquitectura o albañilería. Esta voz árabe se utiliza aquí según su significado arcaico para referirse «a quien era perito en el arte de la carpintería»[195]. Su ocupación como carpinteros en la Edad Moderna deriva de sus contactos con la madera en las construcciones árabes medievales[196]. Pedro Villa, por ello, debió encargarse de los trabajos de medición y montaje de la mazonería. En el caso de José Martín la denominación de oficial escultor es más clara, pues los diccionarios coetáneos apuntan que ocupaba este cargo toda persona que ejercía algún oficio antes de ser maestro[197]. Es decir, Martín de Aldehuela todavía trabajaba entonces bajo la dirección de Francisco Moya para aprender el oficio.

Se obligó a los cuatro a trabajar según el diseño presentado y aprobado por el escultor y los comitentes, «segun perfeccion del arte». A este dibujo se le hicieron leves correcciones, por ejemplo, en el nicho central solo debía incluirse la figura de un san Juan Bautista «de cuerpo entero». Este debía poder moverse para descubrir un crucifijo «a espaldas del santo, en otro nicho interior», un mecanismo teatral que, como hemos podido comprobar, Moya ya había introducido en otros trabajos. Además, en el ático se optó por la escena de la visitación de María a su prima Isabel en lugar de la Concepción del diseño original.

192 AHPT, José Hernández Sánchez, ff. 46-47v. (Teruel, 22-IV-1747). Documento transcrito en A. M. Gimeno Picazo, *Las artes en...*, t. 4, pp. 126-128.

193 Véase M. C. Lacarra Ducay, «El retablo mayor de la iglesia parroquial de San Gil de Zaragoza: 1628-1631», *Seminario de Arte Aragonés*, 25-26, 1978, p. 57, nota 1.

194 Voz «maestro», en Real Academia Española, *Diccionario de la lengua castellana compuesto por la Real Academia Española, reducido a un tomo para su más fácil uso*, Madrid, Joachín Ibarra, 1780, t. 2, p. 596.

195 Voz «alarife», en Real Academia Española, *Diccionario de la lengua castellana compuesto por la Real Academia Española. Segunda impresión corregida y aumentada*, Madrid, Joachín Ibarra, 1770, t. 1, p. 131.

196 C. Gómez López, «Los Alarifes en los oficios de la construcción (siglos XV-XVIII)», *Espacio, Tiempo y Forma. Serie VII. Historia del Arte*, 4, 1991, pp. 39-52, esp. 47.

197 Voz «oficial», en Real Academia Española, *Diccionario de la lengua castellana en que se explica el verdadero sentido de las voces, su naturaleza y calidad, con las phrases o modos de hablar, los proverbios o refranes, y otras cosas convenientes al uso de la lengua, dedicado al rey nuestro señor don Phelipe V (que Dios guarde) a cuyas reales expensas se hace esta obra*, Madrid, Herederos de Francisco del Hierro, 1737, t. 5, p. 21.

El retablo se debía concluir en el plazo de un año, para ser presentado el 29 de septiembre de 1748, coincidiendo con la festividad de los Santos Arcángeles. Se pagaría a plazos, a medida que avanzasen los trabajos, y en el periodo de tres años a contar desde su colocación, por un valor total de «doscientos pesos de ocho reales de plata en dinero, y quinientas fanegas de trigo». La iglesia de San Juan asumiría los costes derivados del traslado de los materiales y su posterior montaje, «para colocar y poner dicho retablo en su lugar». También debía hacer entrega de la madera de cuarenta pinos para la mazonería, figuras y relieves. Asimismo, se estipuló que si Francisco Moya fallecía antes de concluir el retablo sus herederos no debían hacerse cargo de él. Por último, fue obligación someter la obra a visura de personas «peritas e inteligentes» que determinasen si se habían cumplido todas las condiciones citadas[198].

El mueble [FIG. 87] se compone de banco, cuerpo central de tres calles y ático. Está inacabado, pues no se policromó, probablemente por razones presupuestarias. Su estructura representa el paso definitivo en la carrera de Moya hacia el uso de las formas cóncavas y convexas. Adelantó las alas laterales hasta el altar, adaptándose a la forma absidal del presbiterio. Además, los personajes de bulto redondo, en especial el san Juan central y la visitación del ático, demuestran un avance formal más dinámico y expresivo que acompaña perfectamente al movimiento general de la mazonería. Esto denota un cambio de mentalidad respecto a sus esculturas tempranas, más pausadas y estáticas.

Aquí también expresa algunas ideas de la obra de Francisco Pérez de Prado, aunque al no haber sido encargado directamente por él resulta más difícil determinar su grado de implicación[199]. Narra la vida de san Juan Bautista, titular del templo, en diferentes escenas que, ordenadas cronológicamente, son: la anunciación a Zacarías [FIG. 89]; la visitación de María a Isabel [FIG. 88]; el nacimiento de Juan [FIG. 91]; la puesta del nombre de Juan [FIG. 92]; Juan arrodillándose ante Jesús niño [FIG. 90]; Juan señalando al Mesías ante los levitas [FIG. 93]; el bautizo de Jesús [FIG. 94]; la degollación de Juan [FIG. 95] y la entrega de la cabeza del Bautista a Salomé [FIG. 96]. Además, en la hornacina central se emplazó un san Juan [FIG. 97] dotado de sus característicos atributos: el cordero, la cruz y un libro. Este, pasada la guerra, se trasladó al baptisterio de la iglesia de san Andrés. Todo el programa se completó con un rico aparato decorativo de rocalla y cabezas de querubines. En la predela se incluyeron motivos vegetales y objetos cotidianos, como cestas de mimbre llenas de frutas, sombrillas o flechas dentro de carcajes [FIG. 98]. Pese a la aparente banalidad de estas escenas decorativas, esconden un mensaje moralizante, pues vemos a varios pájaros que se acercan a picotear alegremente, pero a los que les espera la muerte.

Los autores que han estudiado esta pieza reconocieron «la calidad de la talla, [...] el detallismo de los adornos y su perfección técnica»[200], aunque opinaron que tenía «escaso interés iconográfico, ya que no revela nada especial»[201]. Sin embargo, en 2013 Juan Carlos Navarro Castelló y María Jesús Pérez Hernández descubrieron varias fotografías tomadas por el historiador alemán Georg Weise en la década de 1930, en su emplazamiento original [FIG. 99], de las que se sirvieron para poner en duda esta afirmación. En estas imágenes se aprecia que la talla estaba rodeada de una

---

198   A. M. GIMENO PICAZO, *Las artes en...*, t. 4, pp. 126-128.

199   No obstante, gracias a las referencias decimonónicas y otras coetáneas, sabemos que se implicó en todas las obras que se hacían en su diócesis.

200   S. SEBASTIÁN y Á. SOLAZ, *op. cit.*, pp. 191-192.

201   S. SEBASTIÁN, «La decoración manierista...», p. 111.

Francisco Moya. Un escultor al servicio episcopal en el Teruel del siglo XVIII

88

profusa decoración de esgrafiados y retratos de diferentes profetas del Antiguo Testamento. Estos se disponían en los pilares, desde el atrio, y conducían a la imagen del san Juan central. Se quiso representar a san Juan como último de los profetas, sucediendo la galería de retratos de sus predecesores. A Juan se le considera profeta por las similitudes con Elías, por ser precursor, por anticipar la venida de Cristo y por su vida ejemplar y de sacrificio[202]. De la misma manera, para Francisco Pérez de Prado representa la vieja ley, la hebraica, que da paso a Jesús y la nueva ley, la cristiana. Esta idea queda perfectamente expresada en uno de los párrafos de su libro: «Los profetas predicen que con la venida del Mesías cessaria la Antigua Ley de Moysès, y se daria la nueva Ley de Gracia, con el agradable Sacrificio de la Eucharistia»[203].

Dicha afirmación queda plasmada en el retablo de la siguiente manera: en primer lugar, la galería de retratos de profetas, que representan la ley de Moisés, conduce hacia cuatro personajes de bulto redondo, ya sobre el retablo, colocados a la misma altura. Los dos centrales seguramente son sacerdotes judíos, pues portan el *camelauco*, una antigua mitra[204]. El tercero lleva corona, por lo que debe ser un rey del Antiguo Testamento y el cuarto no ha podido ser identificado, pero posiblemente sea un profeta. Todos se giran hacia Juan, en la hornacina central, y lo presentan.

Mientras, en los relieves de las calles laterales, se insiste en temas que vienen a confirmar que el Bautista es la figura que antecede a Cristo. Por eso encontramos a Juan arrodillado besando los pies de Jesús cuando eran niños, pues según la leyenda apócrifa coincidieron siendo jóvenes en la vuelta de la huida a Egipto, y al Bautista confirmando ante los levitas que Jesús es el auténtico redentor[205], dos temas iconográficos no muy habituales. Precisamente, uno de los atributos de Juan es el *agnus* porque, como se ha explicado anteriormente, señaló directamente a Cristo como el cordero de Dios ante quienes dudaban que era el auténtico Mesías[206].

El bautismo es también fundamental en la obra de Francisco Pérez de Prado, pues se entiende como un sacramento renovador de la fe judía[207]. El eje central del retablo refuerza la lectura global. La imagen superior es la visitación, también premonitoria del carácter antecesor del Bautista, pues estando en el vientre de Isabel, Juan pudo oír los latidos del sagrado corazón y reconocer a Cristo en ellos[208].

Debajo de esta escena se sitúa la imagen del Bautista que con su pierna señala a Cristo como *Salvator Mundi*. Este sostiene el orbe con una de sus manos y se inclina hacia el tabernáculo –que todavía conserva la policromía en su interior–. Es decir, la ley de Moisés termina en san Juan como último profeta y precede a la nueva ley de gracia que queda consumada con el bautismo y la eucaristía. Las puertas de este tabernáculo, que no son las originales, debieron ornamentarse con

---

202 «Christo-Jesus [...] dixo de San Juan Baptista, *que era Elias*; pues aunque no lo era en el individuo, lo era en el espiritu, y la virtud». F. Pérez de Prado, *Compendio de las...*, p. 184.

203 *Ibidem*, p. 362.

204 M. Garrido Bonaño, *Curso de liturgia romana*, Madrid, Biblioteca de Autores Cristianos, 1961, pp. 221-222.

205 «Con su dedo señaló al Redentor y lo mostró a las gentes diciendo: *Este es el cordero de Dios*». En S. de la Vorágine, *La leyenda dorada*, Madrid, Alianza, 1982, t. 1, p. 336.

206 F. Revilla, *Diccionario de iconografía y simbología*, Madrid, Cátedra, 2007 (1.ª ed. 1990), p. 157.

207 F. Pérez de Prado, *Compendio de las...*, p. 366.

208 S. de la Vorágine, *op. cit.*, t. 1, pp. 335-336.

alguna escena alusiva a este último sacramento, quizás el sacrificio de Isaac[209]. La reiteración de Zacarías, padre de Juan, sacerdote y profeta, parece apoyar el significado del conjunto.

Gracias al contrato sabemos que la figura central debía moverse para mostrar un crucifijo, cosa que redundaría aún más en el mensaje de tipo redentor. Estas ideas expresadas en palabras de Pérez de Prado son las siguientes:

> El Profeta Legislador Moysès; acabando de dàr la Ley al Pueblo, les promulga un Precepto general, anunciandoles profeticamente al Mesias Christo Jesus; [...] Dios manifiesta por David, que no quiere yà los Sacrificios, ni Ceremonias de la antigua Ley; y por esso vino Christo a ser el Eterno Sacerdote, y Sacrificio de la Ley de Gracia [...] Ezechiel, cap. II. Dize en voz de Dios: *Yo derramarè sobre vosotros aguas limpias, y os limpiareis, y os darè un corazon, y un espiritu nuevo.* [...] Bien manifiesta està aqui la Renovacion del espiritu en la Fè por las aguas de el Baptismo. Malachias dize, en voz de Dios, à los Hebreros, cap. I. [...] *No tengo mi voluntad en vosotros, ni recibiré don, de vuestras manos, porque desde donde sale el Sol, hasta donde se pone, es grande mi nombre entre las Gentes, y en todo lugar se ofrece incienso à mi nombre entre las Gentes, y una Ofrenda pura.* Esta es la Purisima Oblacion de la Eucharistia en que el Cordero immaculado Christo-Jesus, es Sacrificio de inefable agrado para su Eterno Padre. Zacarias, cap. I. 2. En boca de Christo-Jesus Salvador, dize: *Derramarè sobre la casa de David* [...] *un Espiritu de Gracia, y de Oración.* [...] Claramente dize el Profeta la Ley de Gracia, ò Espiritu de Gracia, que se daria primero en Jerusalen, para derivarse despues al Mundo, por el Sacrificio de Jesus, à quien traspassaron; llorando con arrepentimiento esta ofensa los convertidos de aquella Ciudad, y mirando el Orbe todo este Cordero en la Cruz, para remedio universal[210].

La insistencia en la reconversión y renovación por medio del sacramento del bautismo tiene que ver con un hecho clave de la obra del prelado que queda claro al comienzo del texto. La dirige a los judíos conversos que quisieran fortalecer su fe. En su discurso se entrevé su ideología antijudaizante que debe emparentarse con lo plasmado en el programa iconográfico del retablo y que lo expresa de la siguiente manera:

> À quantos estuvieren en las tinieblas, y sombra de la muerte de la supersticion Judayca [...] para descubrir algunos de los muchos errores de los Maestros del Hebraìsmo, para que assi viendo las verdades Evangélicas, que à su descuydo, ò à su pesar confiessan, y los irracionales delirios, que defienden, reconozcan la falsedad en que se apoyan y la delincuente confianza, con que se entregan ciegos la importancia de su salvacion al juìzio de otros mas ciegos que ellos[211].

Como indicamos, originalmente este mueble ocupaba el ábside de la nave central de la iglesia de San Juan, pero en la pasada Guerra Civil el templo fue bombardeado. Posteriormente, se trasladó a la iglesia de San Andrés, situando el san Juan Bautista titular en el baptisterio. Para entonces había perdido algunas de sus figuras originales, que fueron reemplazadas por otras de factura moderna[212]. Es el caso del san Andrés central del escultor valenciano Ramón y Salva-

---

209 Las fotografías de Weise parecen confirmarlo, aunque no permiten tanta ampliación para asegurarlo categóricamente.

210 F. Pérez de Prado, *Compendio de las...*, pp. 362-366.

211 *Ibidem*, s. f. [proemio].

212 Para conocer el proyecto urbanístico de la Dirección General de Regiones Devastadas para la plaza de San Juan puede consultarse J. M. López Gómez, *Un modelo de arquitectura y urbanismo franquista en Aragón: la Dirección General de Regiones Devastadas. 1939-1957*, Zaragoza, Diputación General de Aragón, 1995, pp. 507-516. También recomendamos revisar los dibujos originales del Plan de Reforma Interior de Teruel referidos a este espacio que conserva el Archivo Histórico Provincial de Teruel, en AHPT, Dirección General de Regiones Devastadas, ES/AHPTE - RRDDT/Carp. 228/12458.

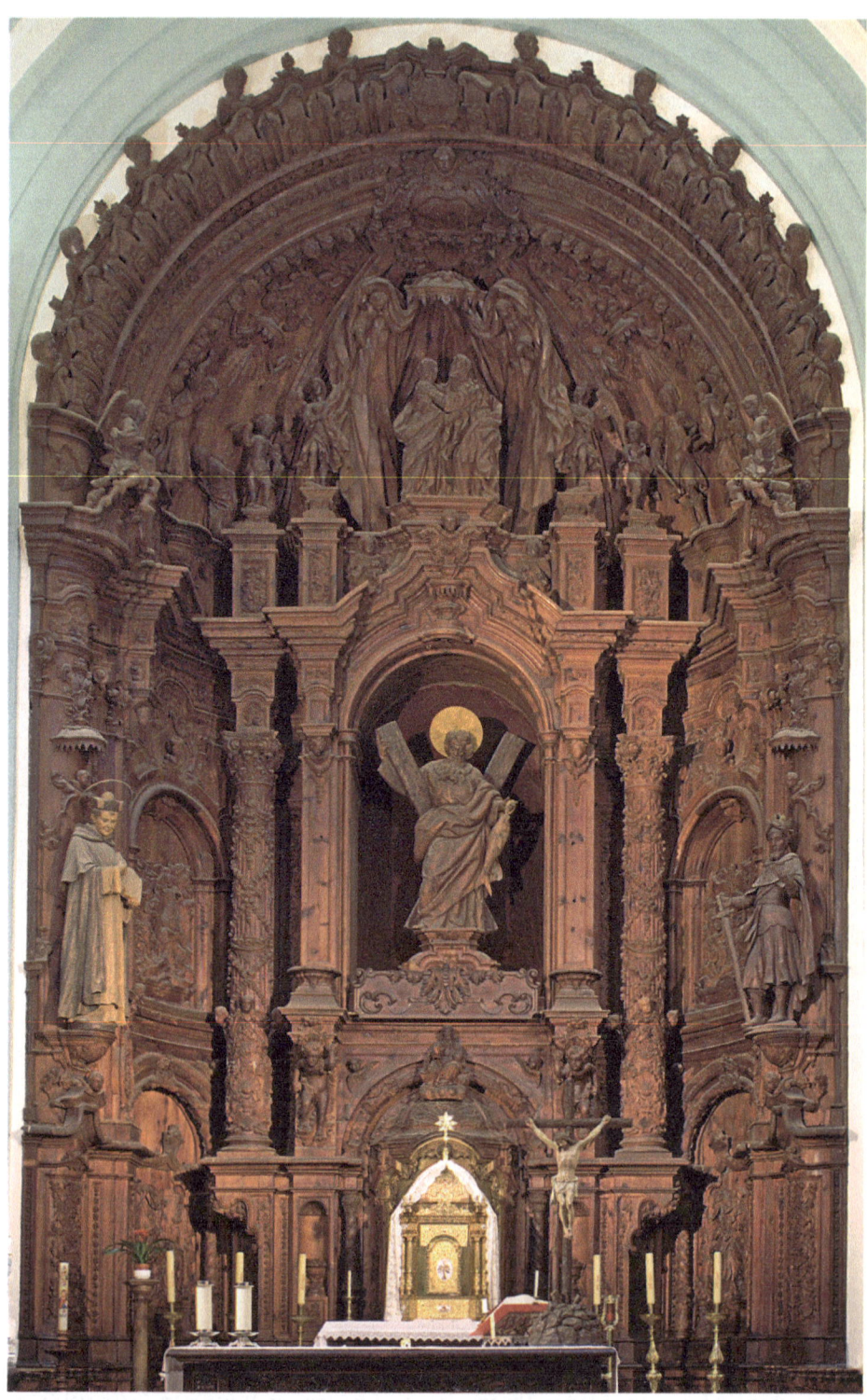

FIG. 87. **Francisco Moya; Pedro Villa; Francisco Salesa y José Martín de Aldehuela, retablo mayor de la iglesia de San Juan, hoy en San Andrés, Teruel, 1747-1748. Imagen: el autor, 2018.**

San Juan

Visitación
de María
a Isabel

Entrega de
la cabeza
del Bautista
a Salomé

Decapitación
de san Juan

Bautismo
de Jesús

San Juan
señalando a
Jesús frente
a los levitas

Sacerdote
del Antiguo
Testamento

Sacerdote
del Antiguo
Testamento

¿Profeta
del Antiguo
Testamento?

Rey del Antiguo
Testamento

Anunciación
a Zacarías

Juan
se arrodilla
ante Jesús

Puesta
del nombre
de Juan

Nacimiento
de san Juan
Bautista

Cristo como
Salvator Mundi

¿Sacrificio de Isaac?

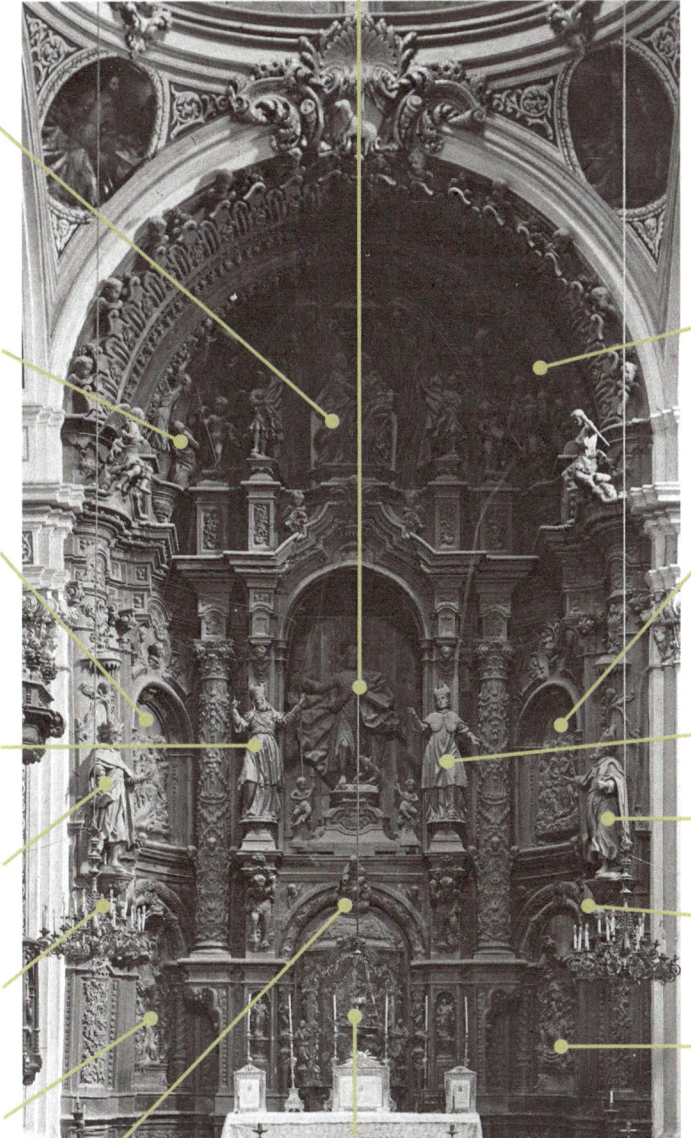

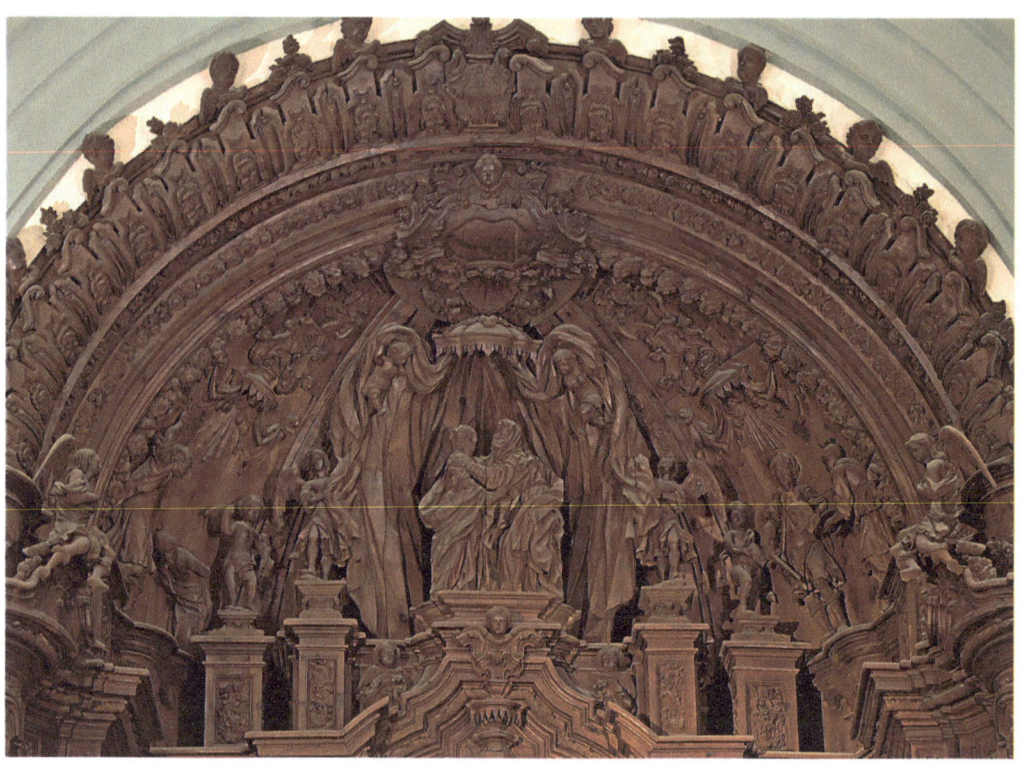

FIG. 88. **Francisco Moya; Pedro Villa; Francisco Salesa y José Martín de Aldehuela, visitación de María a Isabel, retablo mayor de la iglesia de San Juan, Teruel, 1747-1748. Imagen: el autor, 2018.**

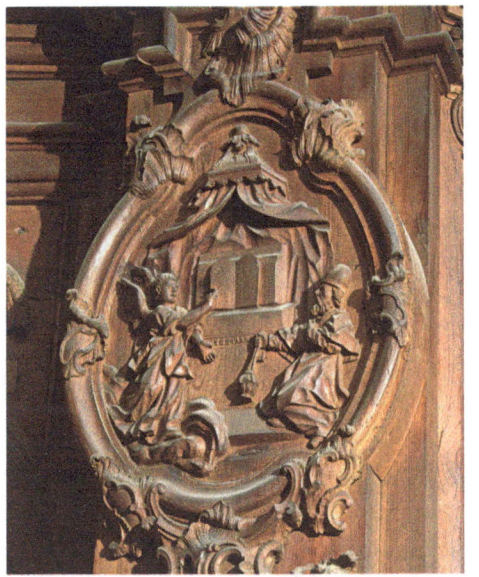

FIG. 89. **Francisco Moya; Pedro Villa; Francisco Salesa y José Martín de Aldehuela**, anunciación a Zacarías, retablo mayor de la iglesia de San Juan, Teruel, 1747-1748. Imagen: el autor, 2018.

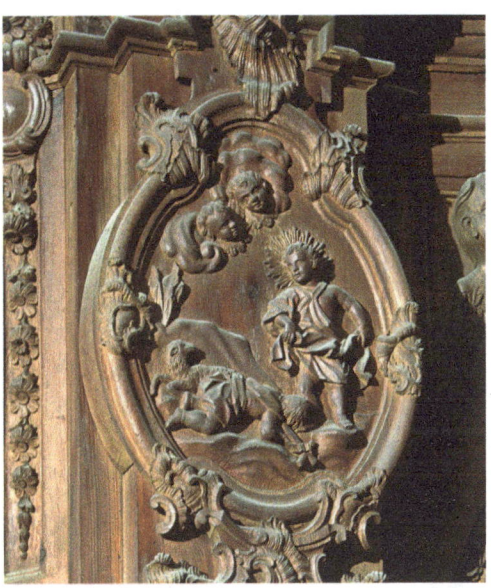

FIG. 90. **Francisco Moya; Pedro Villa; Francisco Salesa y José Martín de Aldehuela**, Juan arrodillado ante Jesús, retablo mayor de la iglesia de San Juan, Teruel, 1747-1748. Imagen: el autor, 2018.

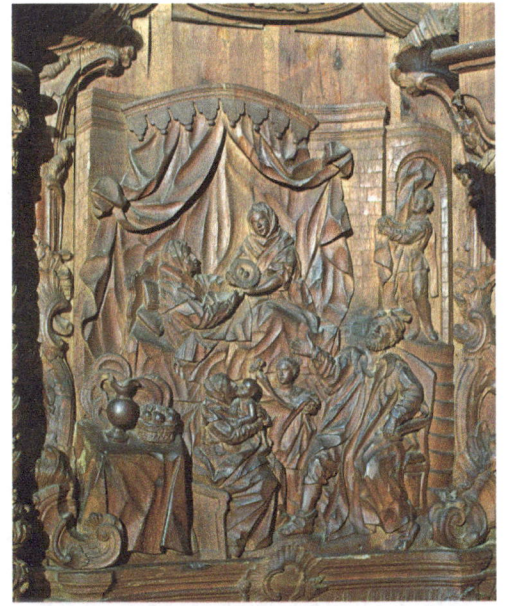

FIG. 91. **Francisco Moya; Pedro Villa; Francisco Salesa y José Martín de Aldehuela**, nacimiento de san Juan, retablo mayor de la iglesia de San Juan, Teruel, 1747-1748. Imagen: el autor, 2018.

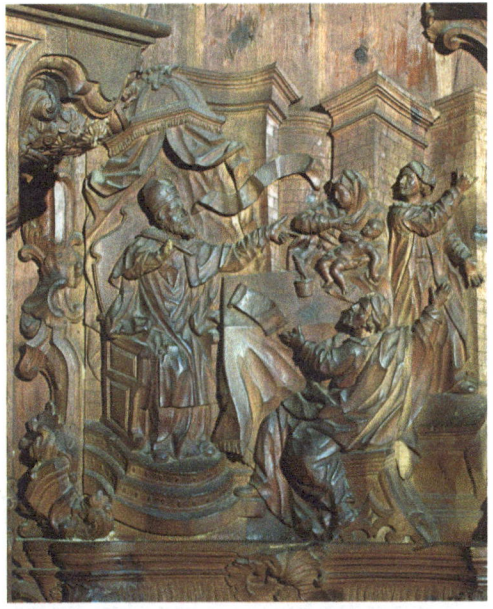

FIG. 92. **Francisco Moya; Pedro Villa; Francisco Salesa y José Martín de Aldehuela**, puesta del nombre de Juan, retablo mayor de la iglesia de San Juan, Teruel, 1747-1748. Imagen: el autor, 2018.

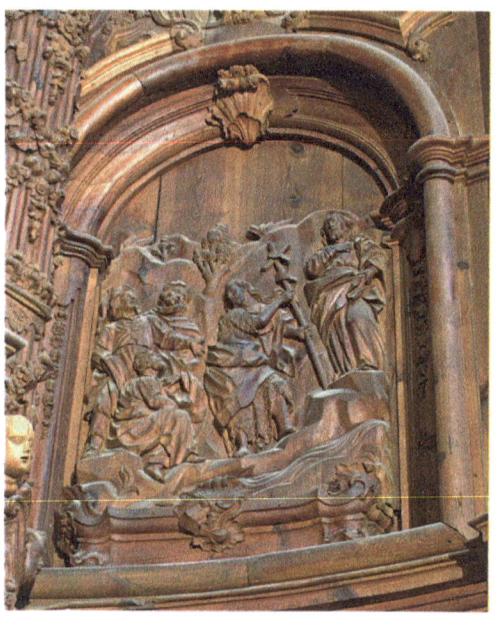

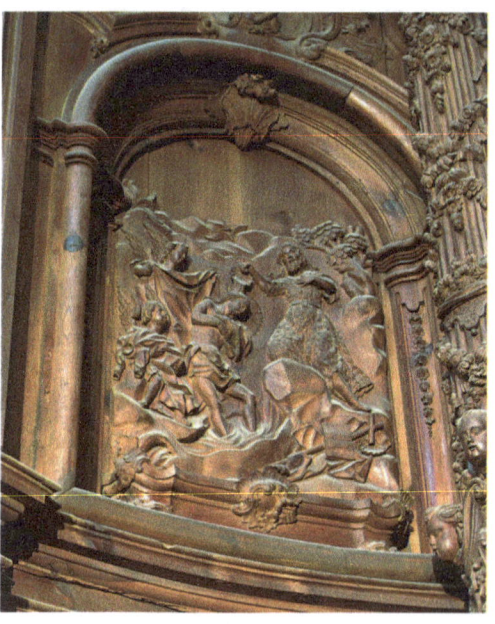

FIG. 93. **Francisco Moya; Pedro Villa; Francisco Salesa y José Martín de Aldehuela, Juan señalando a Jesús frente a los levitas, retablo mayor de la iglesia de San Juan, Teruel, 1747-1748. Imagen: el autor, 2018.**

FIG. 94. **Francisco Moya; Pedro Villa; Francisco Salesa y José Martín de Aldehuela, bautismo de Jesús, retablo mayor de la iglesia de San Juan, Teruel, 1747-1748. Imagen: el autor, 2018.**

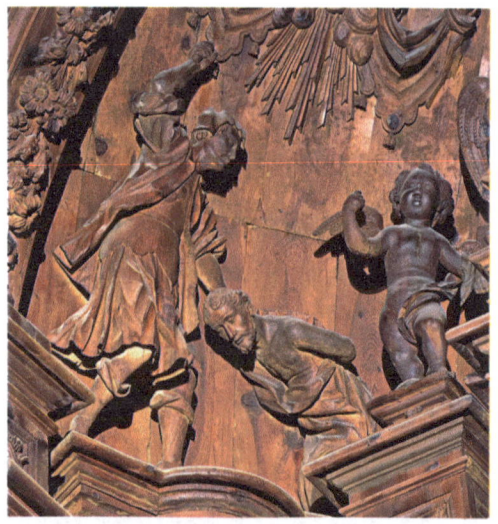

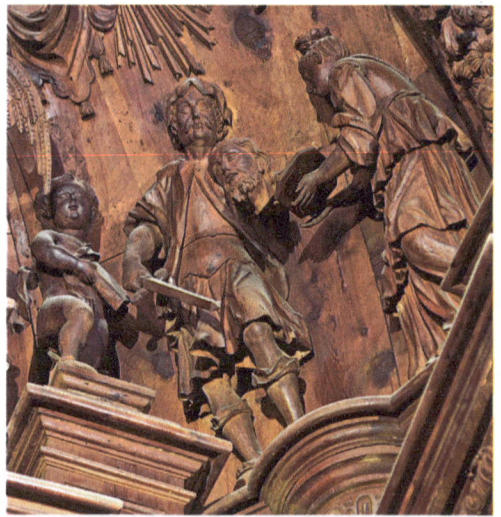

FIG. 95. **Francisco Moya; Pedro Villa; Francisco Salesa y José Martín de Aldehuela, degollación de san Juan, retablo mayor de la iglesia de San Juan, Teruel, 1747-1748. Imagen: Juan Carlos Navarro Castelló y María Jesús Pérez Hernández, 2013.**

FIG. 96. **Francisco Moya; Pedro Villa; Francisco Salesa y José Martín de Aldehuela, entrega de la cabeza del Bautista a Salomé, retablo mayor de la iglesia de San Juan, Teruel, 1747-1748. Imagen: María Jesús Pérez Hernández, 2018.**

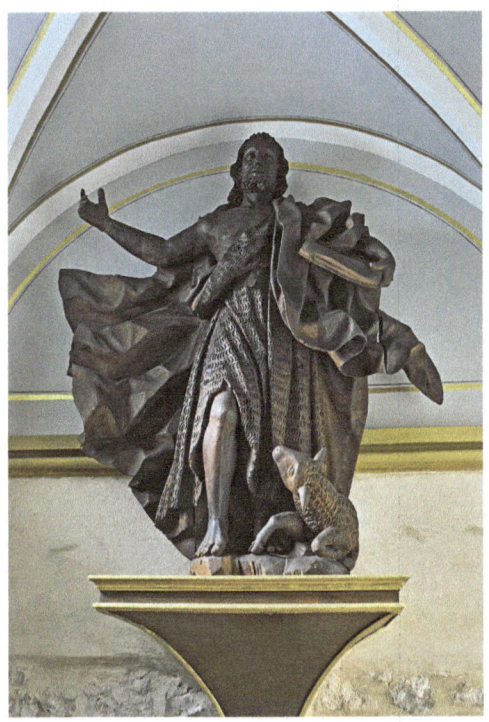

FIG. 97. **Francisco Moya; Pedro Villa; Francisco Salesa y José Martín de Aldehuela, san Juan Bautista, baptisterio de la iglesia de San Juan, Teruel, 1747-1748. Imagen: el autor, 2018.**

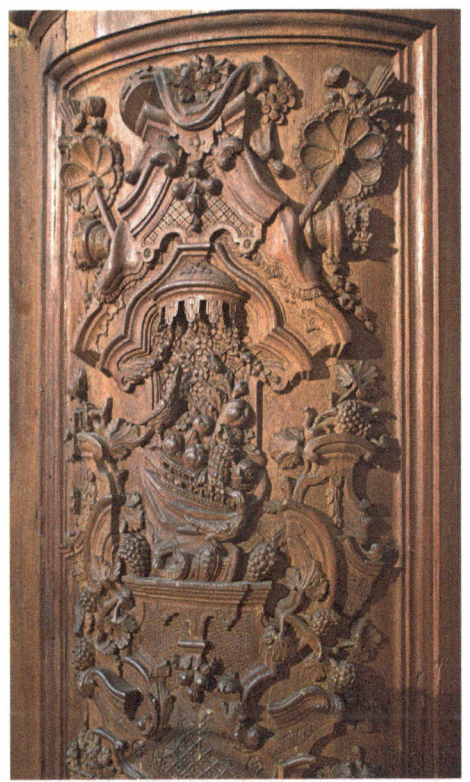

FIG. 98. **Francisco Moya; Pedro Villa; Francisco Salesa y José Martín de Aldehuela, decoración del banco del retablo mayor de la iglesia de San Juan, Teruel, 1747-1748. Imagen: el autor, 2018.**

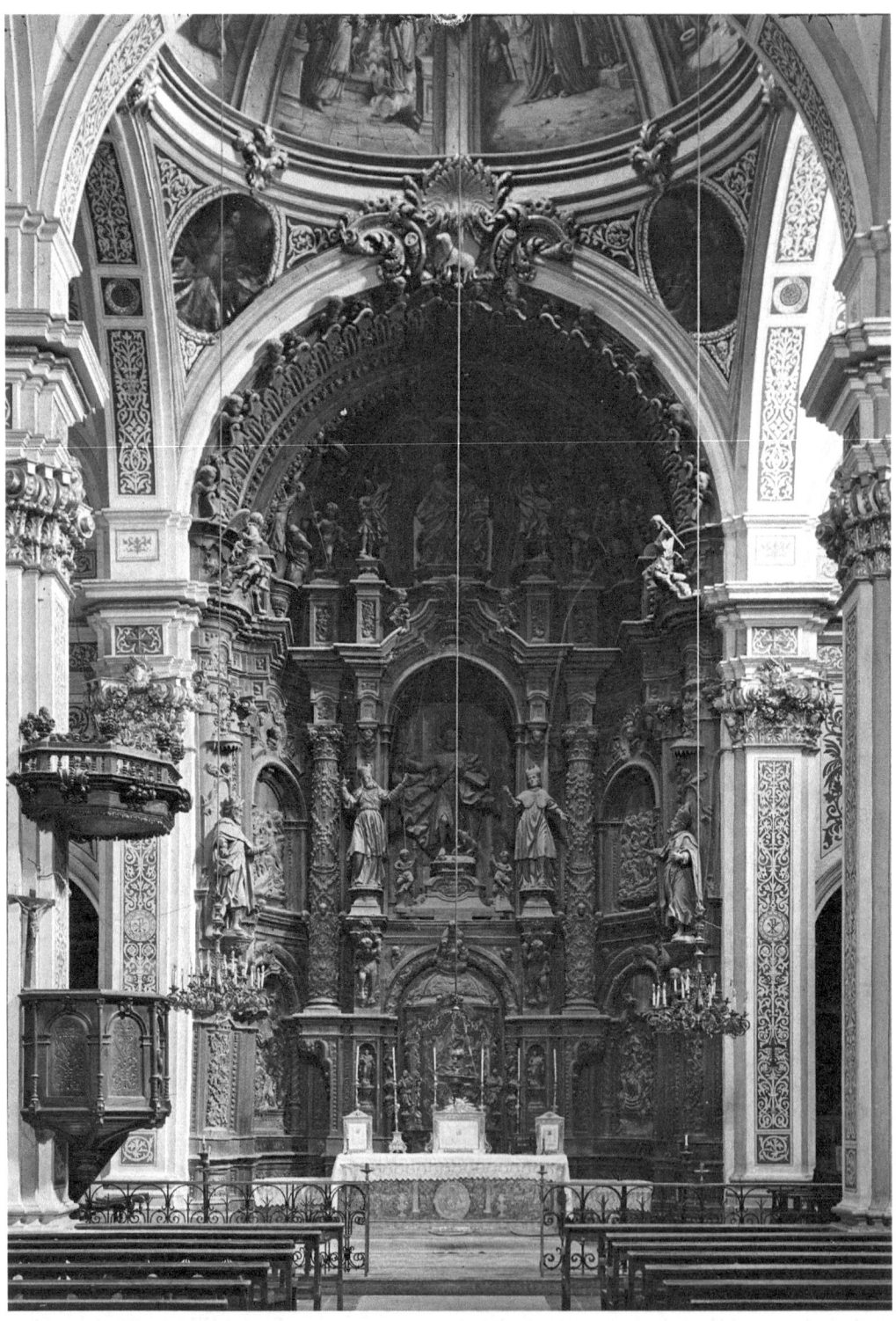

FIG. 99. **Francisco Moya; Pedro Villa; Francisco Salesa y José Martín de Aldehuela, retablo mayor de la iglesia de San Juan en su emplazamiento original, Teruel. Imagen: Georg Weise, ca. 1930. Bildarchiv Foto Marburg.**

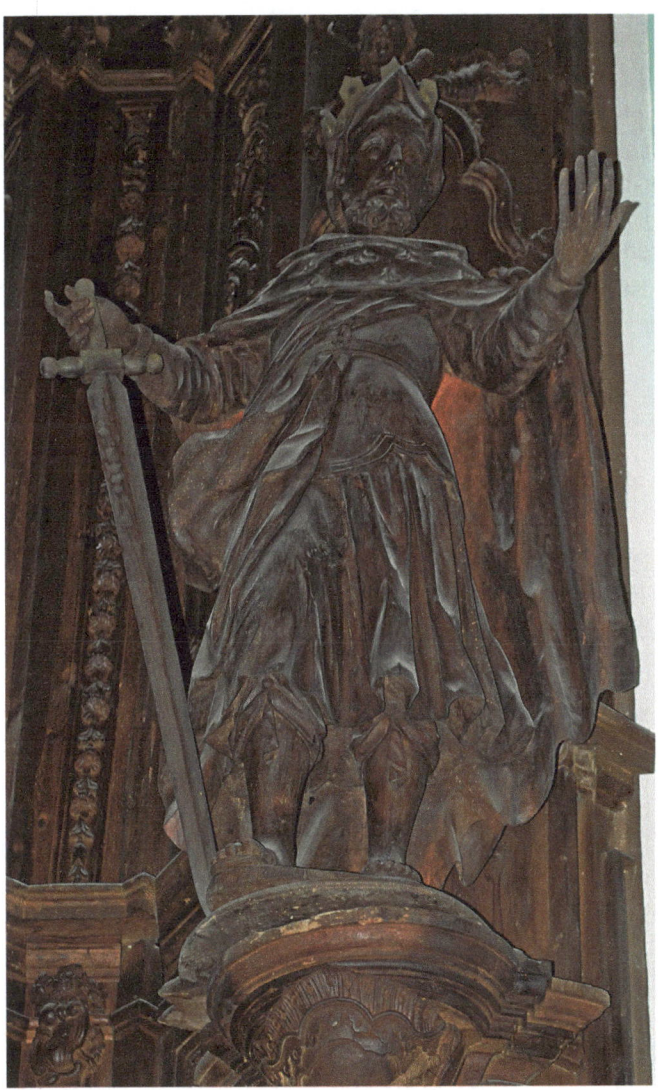

Fig. 100. **Francisco Moya; Pedro Villa; Francisco Salesa y José Martín de Aldehuela, san Fernando (antes rey del Antiguo Testamento), retablo mayor de la iglesia de San Juan, Teruel, 1747-1748. Imagen: el autor, 2018.**

dor[213], colocado para adecuar la obra a su nuevo emplazamiento; así como el de un Tomás de Aquino del taller zaragozano de los hermanos Albareda[214], que fue donado por la familia Asensio[215]. Por último, se armó con una espada a uno de los reyes o profetas del Antiguo Testamento que flanqueaban a san Juan para componer un san Fernando [Fig. 100].

213   A. M. Gimeno Picazo, *Las artes en...*, t. 1, p. 283.

214   *Idem*. Con motivo del estudio de este retablo revisamos la documentación referente a estos escultores en el Archivo Histórico Provincial de Zaragoza, pero descubrimos que, por un error en la indexación, se les confundió con el crítico de arte Miguel Ángel Albareda.

215   S. Sebastián, «La decoración manierista...», p. 111.

Francisco Moya. Un escultor al servicio episcopal en el Teruel del siglo XVIII

98

El retablo mayor de la iglesia de San Miguel

En 1738, por iniciativa de Francisco Pérez de Prado, se decidió emprender la reforma de la antigua iglesia de San Miguel, documentada desde el siglo XII[216]. Aunque el obispo nombró a Joseph Salesa como maestro de obras, él mismo debió estar muy implicado tanto en la concepción del templo como en los gastos derivados de la intervención. Se hizo «segun la planta presentada, o mejorada por i de orden del ilustrisimo señor don Francisco Perez de Prado» un año antes, en 1737[217], y se concluyó en 1747[218]. Lo mismo sucede con el mueble de su nave central, que incluye su heráldica, hecho que recuerdan tanto el geógrafo Pascual Madoz como el historiador Cosme Blasco y Val en el siglo XIX:

> La igl. de San Miguel, parroquia de este nombre, consta de tres naves iguales, separadas por 8 antas de arquitectura moderna. Fue renovada á mediados del siglo pasado. El altar mayor, costeado casi todo él por el Ilmo. Sr. Don Francisco Pérez de Prado, tiene en su parte principal la Purísima, con cuya condición el prelado ayudó con sus fondos particulares á la construcción[219].

> En la [iglesia] de S. Miguel procuró colocar dicha imagen [de la Inmaculada] en el altar mayor cuyo retablo levantó á sus espensas grabando allí sus armas, y contribuyendo á la fábrica con copiosas limosnas hasta que vio concluida obra tan magnifica: en resumen, en gastos de Iglesia empleó 7.666 pesos[220].

Este proceso debe conocerse por un motivo importante. Tradicionalmente su retablo mayor [FIG. 101] se ha datado hacia 1750-1755[221], pero sabiendo que la fábrica se concluyó en 1747, es probable pensar que para entonces ya se hubiera comenzado a confeccionar.

Consta de sotabanco −reservado para el escudo episcopal−, banco, cuerpo central de tres calles y ático. Como en la iglesia de San Juan, demuestra una concepción plenamente barroca y una estructura más compleja alternando la curva y contracurva. Las columnas no presentan el perfil salomónico que había empleado con anterioridad, sino que se componen de fuste liso, colocado sobre atlantes, y capitel de orden compuesto. En sus cornisas, muy movidas y salientes, se combinan los perfiles rectos y curvos, que añaden gran dinamismo y tensión al conjunto. Esta composición muestra una gran deuda con algunos de los diseños del jesuita Andrea Pozzo publicados en su tratado de perspectiva, en concreto con la figura 65 del tomo segundo[222] [FIG. 102].

Además, las figuras exentas son las protagonistas de la composición al colocarse también en las calles laterales, limitando el espacio de los relieves −que sí mantienen una gran presencia en el banco−. En este caso, como ocurría con el mueble titular de la iglesia de Alba, se policromó imitando mármoles de colores verdes, rojos, blancos y amarillos. Estas tonalidades se hicieron contrastar con los dorados de las cornisas, los capiteles, las rocallas del banco y la moldura de las casas en que se insertan los relieves.

El programa iconográfico del banco, comenzando desde el lado del evangelio, muestra el nacimiento de la Virgen [FIG. 103], la presentación de María en el templo [FIG. 104], la expulsión de san

---

216   A. M. GIMENO PICAZO, *Las artes en...*, t. 1, p. 253.

217   AHPT, Jacinto Martín de Morata, 1737, f. 21 (Teruel, 7-XI-1737).

218   A. M. GIMENO PICAZO, *Las artes en...*, t. 1, p. 254.

219   P. MADOZ, *op. cit.*, t. 14, p. 740.

220   C. BLASCO Y VAL, *op. cit.*, p. 79.

221   J. L. MORALES Y MARÍN, *op. cit.*, p. 38.

222   A. POZZO, *op. cit.*, t. 2, s. f., fig. 75.

Joaquín y santa Ana del templo [FIG. 105], Moisés [FIG. 106], san Pedro [FIG. 107], la transfiguración –colocada en las puertas del sagrario– [FIG. 108], Sansón desquijarando al león [FIG. 109], san Pablo [FIG. 110], los desposorios de María [FIG. 111], la visitación de María a su prima Isabel [FIG. 112] y la adoración de los pastores [FIG. 113].

El cuerpo está presidido por la Inmaculada, en el interior de una hornacina de medio punto, de la que cuelgan cortinajes descubiertos por ángeles. La flanquean san Gabriel y san Rafael y está rodeada por el anuncio a san Joaquín, la Virgen con el niño, un cordero y la anunciación a María, a su derecha, y las tres Marías en el sepulcro, María Magdalena y el apóstol Santiago guiado por un ángel, en el otro lado [FIG. 114]. Aunque es muy probable que el escultor se sirviera de grabados para la creación de estos relieves, estamos seguros de que para la escena de los desposorios de María se inspiró en una estampa perteneciente a una serie sobre la vida de la Virgen diseñada por Jan van der Straet [FIG. 115].

En la calle lateral izquierda aparece san José con el niño dispuesto sobre una peana [FIG. 116] y sobre él, en relieve, Jesús entre los doctores [FIG. 118]. Hace pareja con san Joaquín y la Virgen niña [FIG. 117] debajo de la presentación de Jesús en el templo [FIG. 119].

Por último, el ático [FIG. 120] está presidido por san Miguel arcángel enfrente de un cielo pintado que simula cierta profundidad y, encima de él, la Trinidad integrada por Cristo con la cruz en la mano, Dios Padre con el orbe a sus pies y el Espíritu Santo entre ellos. A ambos lados se disponen los siete arcángeles y, en el extremo izquierdo, san Miguel de nuevo, esta vez luchando contra el demonio. En la actualidad ha perdido la espada, pero una fotografía datada en 1956 del Archivo Mas nos permite ver este detalle [FIG. 121].

La representación de los arcángeles, en sus orígenes más remotos proveniente de la religión zoroástrica, se popularizó en el Imperio bizantino por la asimilación que se hizo entre el soberano y san Miguel, gobernantes representantes de Dios y hábiles en las artes militares[223]. Conoció un impulso en la Edad Moderna, momento en que se fundó una hermandad dedicada a los Siete Ángeles de la que Carlos V formó parte. Su éxito entre los jesuitas, la redacción de varios tratados y su inclusión en grabados desde el siglo XVI contribuyeron a su rápida expansión. En el siglo XVII penetró en Castilla a partir de una serie de pinturas conservadas en el convento de las Descalzas Reales de Madrid y, casi contemporáneamente, su culto se extendió en América[224].

Francisco Pérez de Prado había dejado la diócesis en 1746, tras ser designado inquisidor general y consejero del rey en Madrid. En la corte le resultaría fácil familiarizarse con esta iconografía que siempre había formado parte de la devoción real. Por otro lado, desde finales del siglo XVII, pero sobre todo en el segundo tercio del XVIII, proliferaron los libros escritos en castellano sobre los Siete Ángeles, que por su heterodoxia fueron censurados por la Inquisición[225]. El prelado ocupaba un cargo de relevancia dentro de la institución y, como hemos comentado al estudiar su biografía, estuvo relacionado con la censura y la elaboración de listas de libros prohibidos.

---

223 E. GONZÁLEZ ESTÉVEZ, «Los Siete Príncipes de los Ángeles, un culto para la Monarquía», en V. MÍNGUEZ CORNELLES (ed.), *Las artes y la arquitectura del poder*, Castellón, Universitat Jaume I, 2013, pp. 1915-1930.

224 E. GONZÁLEZ ESTÉVEZ, «De fervor regio a piedad virreinal. Culto e iconografía de los siete arcángeles», *Sémata: Ciencias Sociais e Humanidades*, 24, 2012, pp. 111-132.

225 *Ibidem*, p. 123.

Francisco Moya. Un escultor al servicio episcopal en el Teruel del siglo XVIII

100

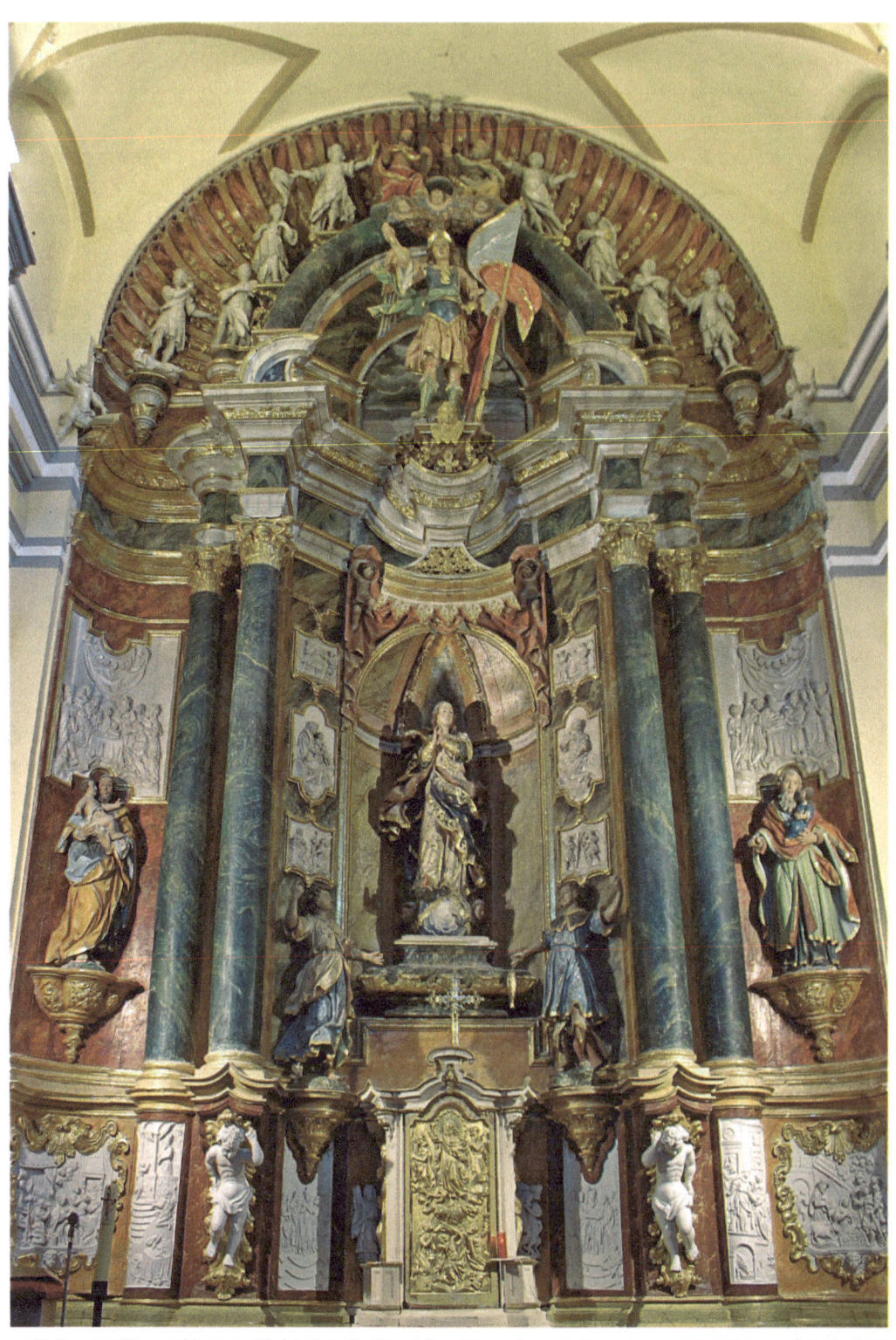

FIG. 101. **Francisco Moya, retablo mayor de la iglesia de San Miguel, Teruel, hoy en Torres de Albarracín, ca. 1747-1750. Imagen: el autor, 2019.**

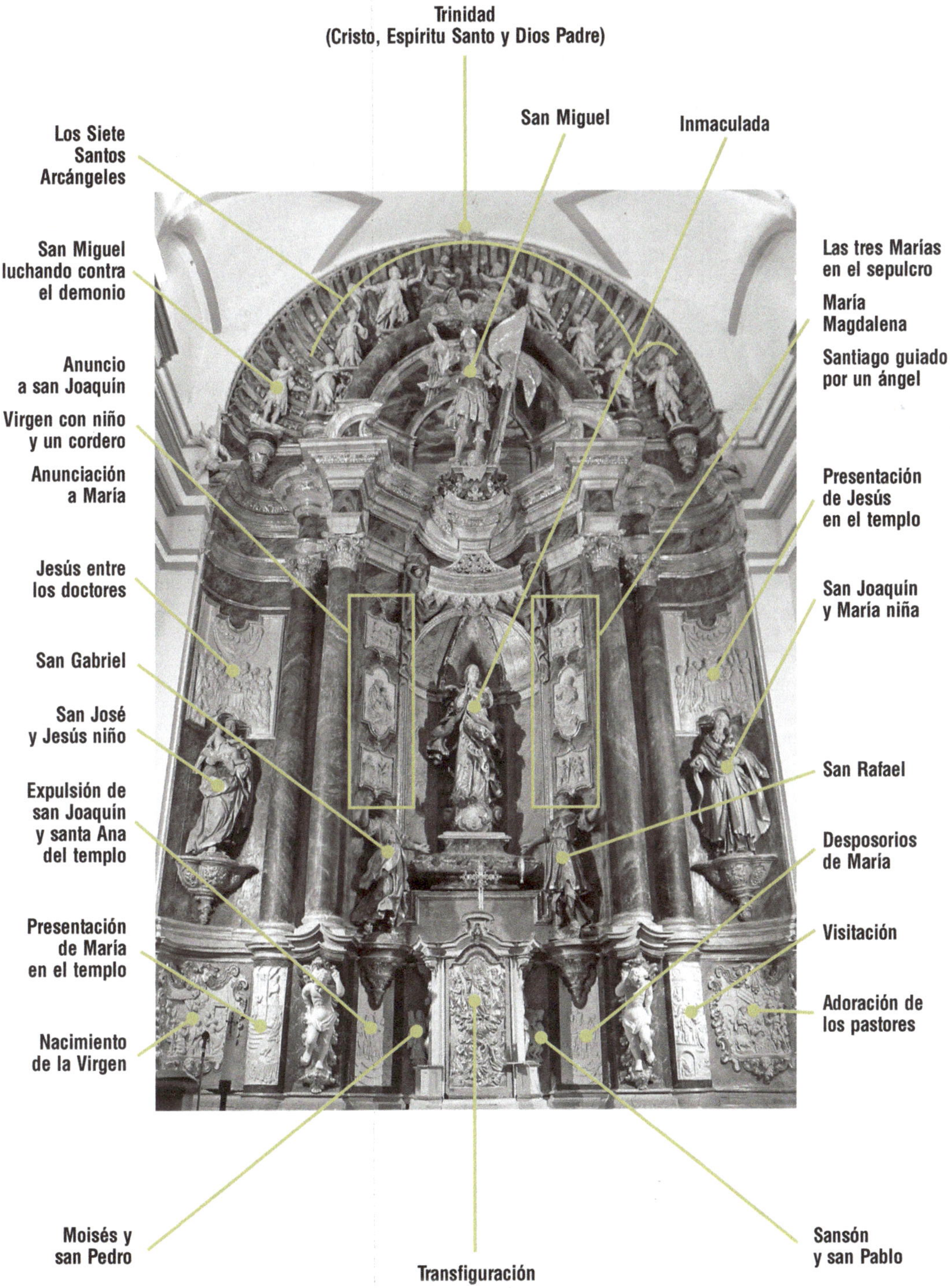

Trinidad
(Cristo, Espíritu Santo y Dios Padre)

San Miguel

Inmaculada

Los Siete
Santos
Arcángeles

San Miguel
luchando contra
el demonio

Anuncio
a san Joaquín

Virgen con niño
y un cordero

Anunciación
a María

Jesús entre
los doctores

San Gabriel

San José
y Jesús niño

Expulsión de
san Joaquín
y santa Ana
del templo

Presentación
de María
en el templo

Nacimiento
de la Virgen

Las tres Marías
en el sepulcro

María
Magdalena

Santiago guiado
por un ángel

Presentación
de Jesús
en el templo

San Joaquín
y María niña

San Rafael

Desposorios
de María

Visitación

Adoración de
los pastores

Moisés y
san Pedro

Transfiguración

Sansón
y san Pablo

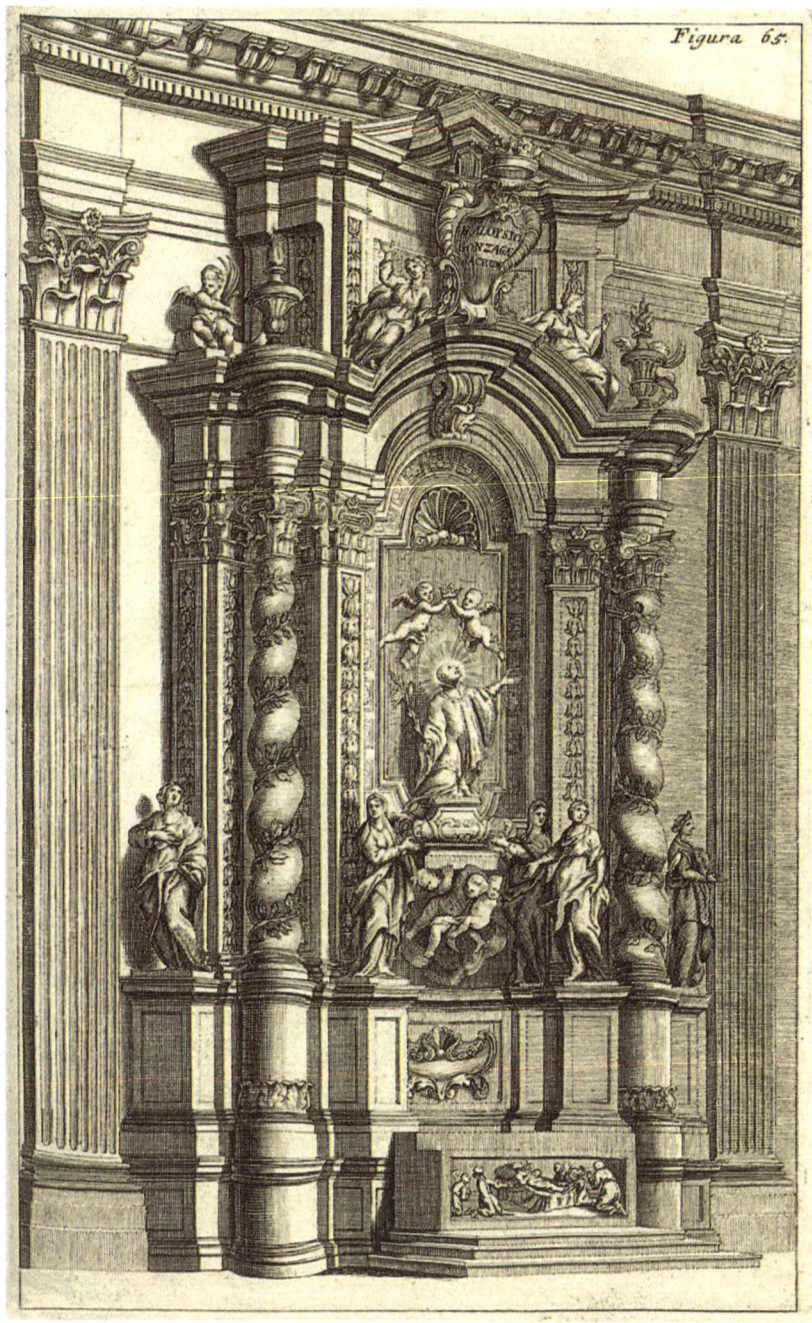

FIG. 102. **Andrea Pozzo, figura 65 del tomo 2 del tratado** *Perspectiva pictorum et architectorum*, **1693. Imagen: Biblioteca Nacional de España.**

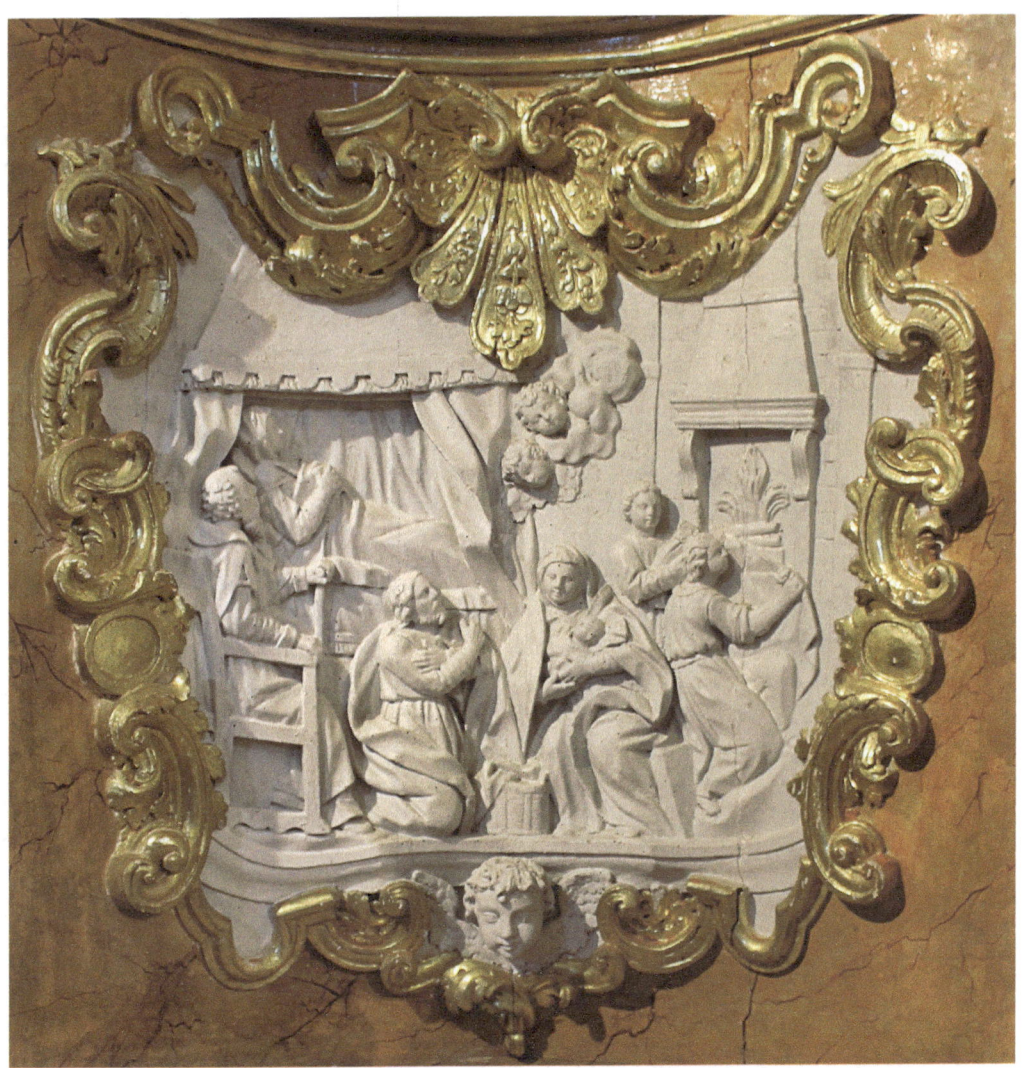

FIG. 103. **Francisco Moya, nacimiento de María, retablo mayor de la iglesia de San Miguel, Teruel, ca. 1747-1750. Imagen: el autor, 2019.**

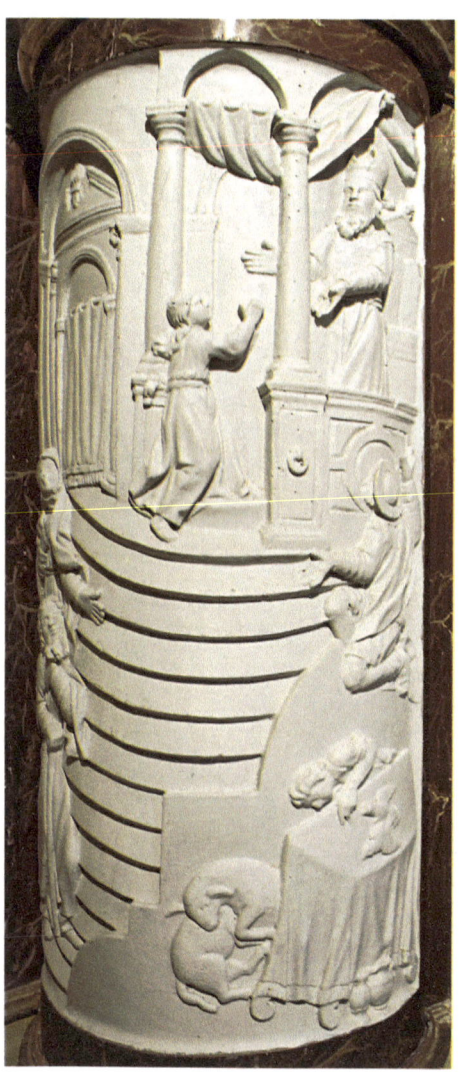

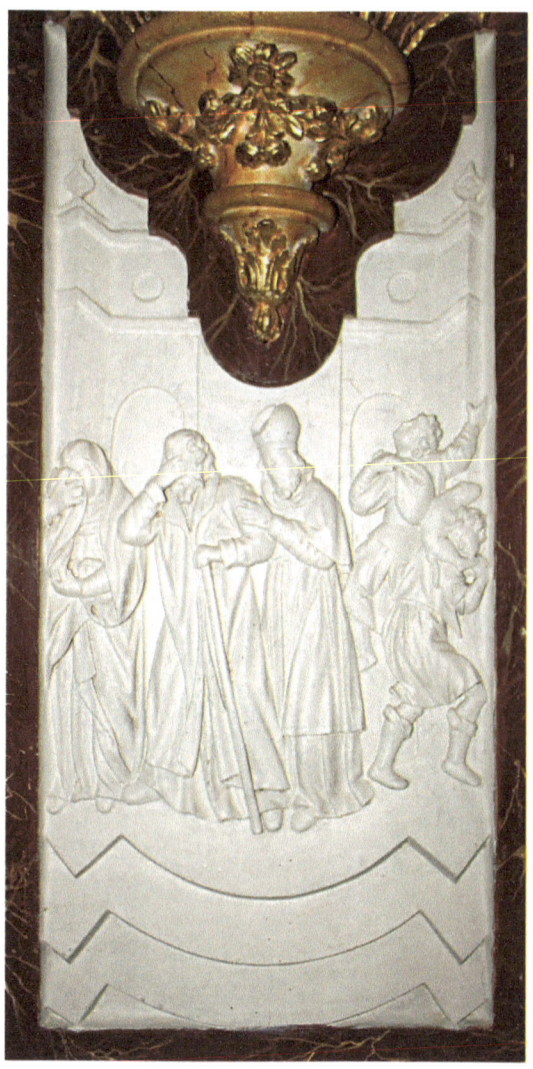

FIG. 104. **Francisco Moya, presentación de María en el templo, retablo mayor de la iglesia de San Miguel, Teruel, ca. 1747-1750. Imagen: el autor, 2019.**

FIG. 105. **Francisco Moya, expulsión de santa Ana y san Joaquín del templo, retablo mayor de la iglesia de San Miguel, Teruel, ca. 1747-1750. Imagen: el autor, 2019.**

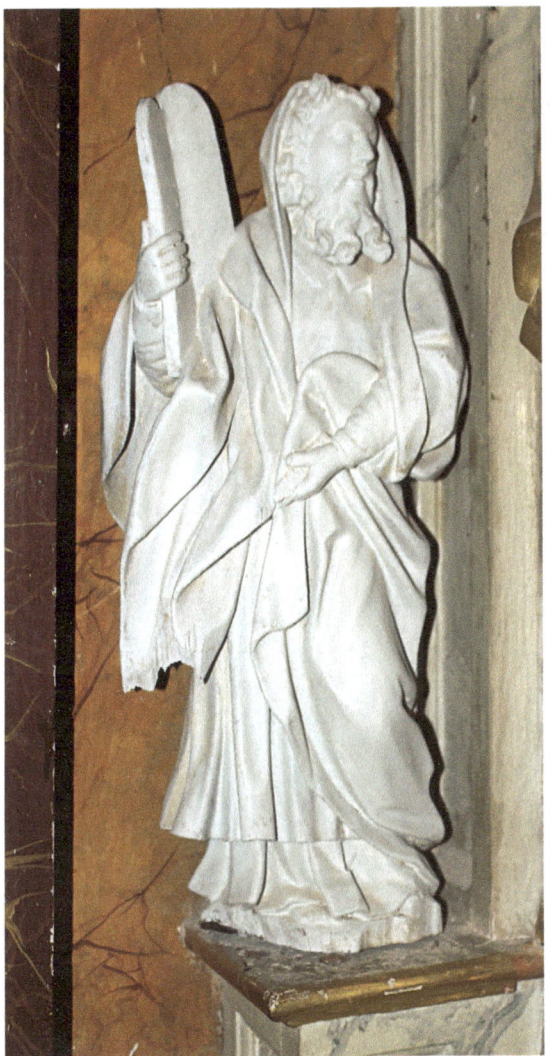

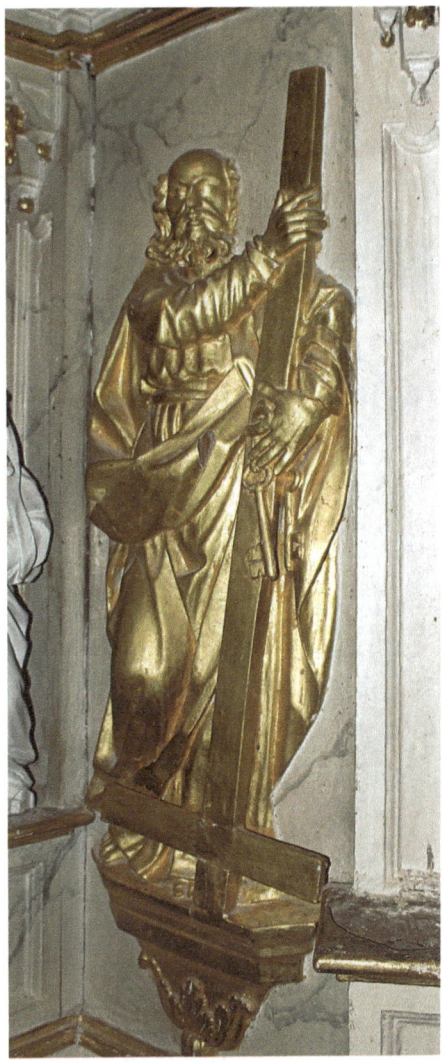

FIG. 106. **Francisco Moya, Moisés, retablo mayor de la iglesia de San Miguel, Teruel, ca. 1747-1750. Imagen: el autor, 2019.**

FIG. 107. **Francisco Moya, san Pedro, retablo mayor de la iglesia de San Miguel, Teruel, ca. 1747-1750. Imagen: el autor, 2019.**

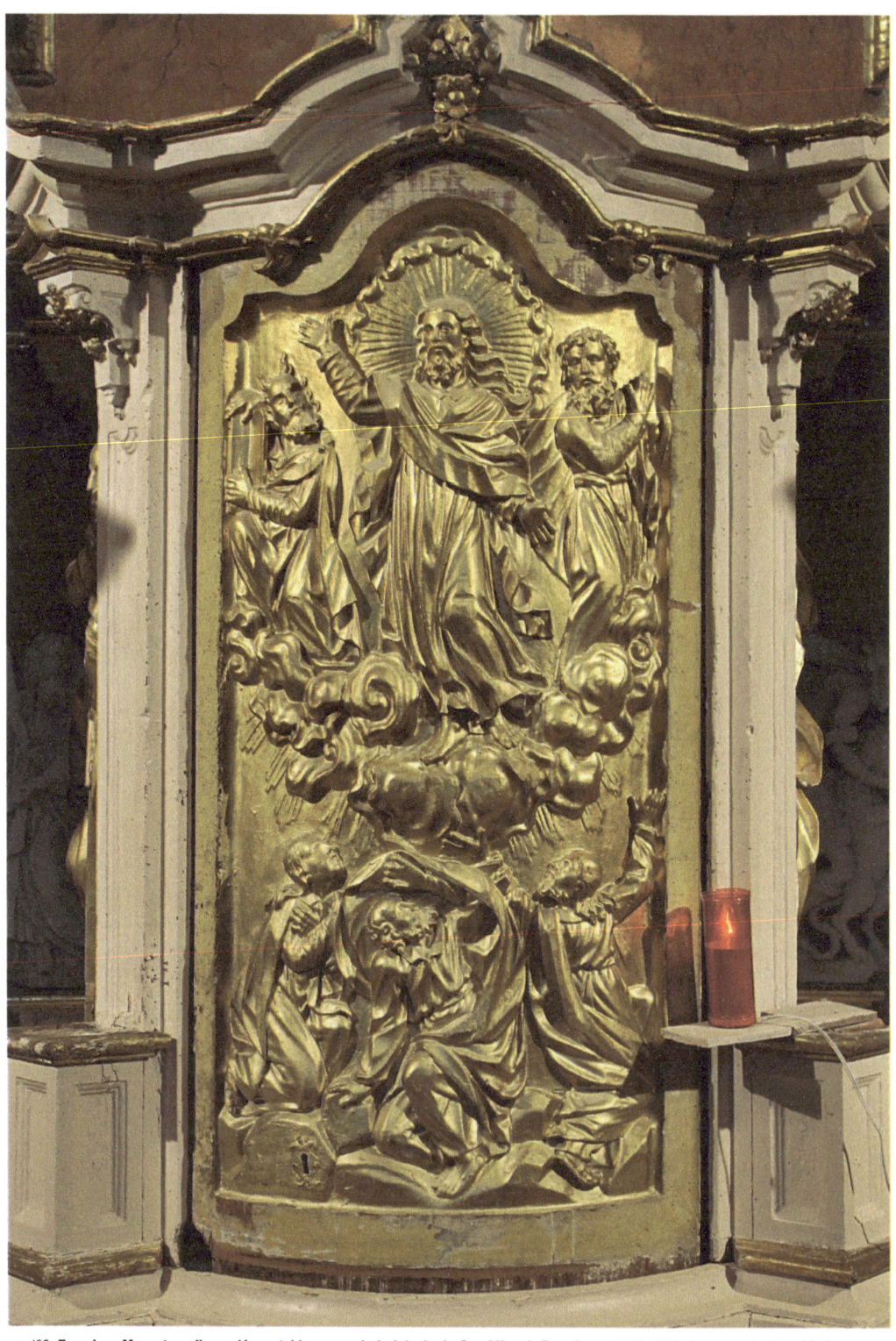

FIG. 108. **Francisco Moya, transfiguración, retablo mayor de la iglesia de San Miguel, Teruel, ca. 1747-1750. Imagen: el autor, 2019.**

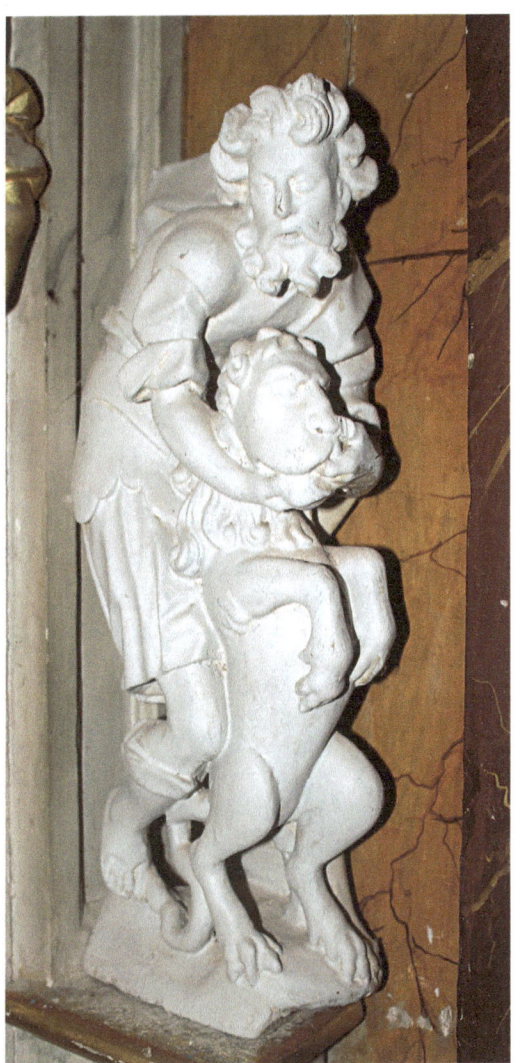

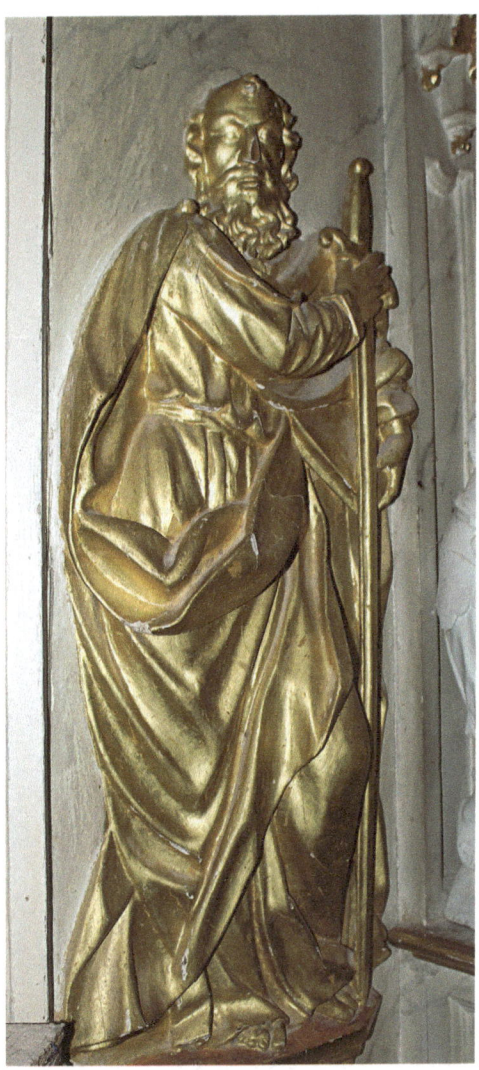

FIG. 109. **Francisco Moya, Sansón desquijarando al león, retablo mayor de la iglesia de San Miguel, Teruel, ca. 1747-1750. Imagen: el autor, 2019.**

FIG. 110. **Francisco Moya, san Pablo, retablo mayor de la iglesia de San Miguel, Teruel, ca. 1747-1750. Imagen: el autor, 2019.**

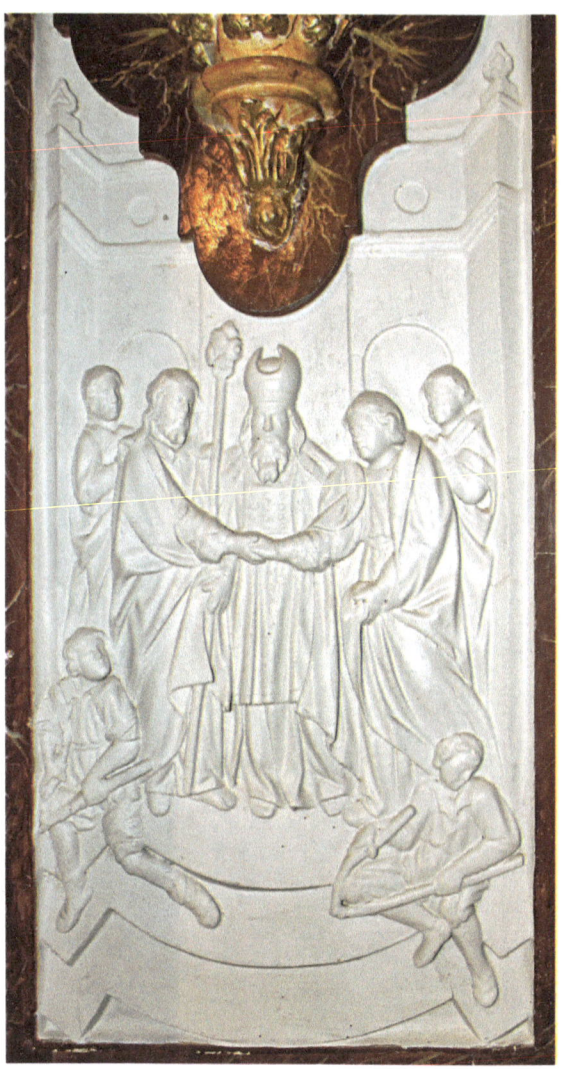

FIG. 111. **Francisco Moya, desposorios de María, retablo mayor de la iglesia de San Miguel, Teruel, ca. 1747-1750. Imagen: el autor, 2019.**

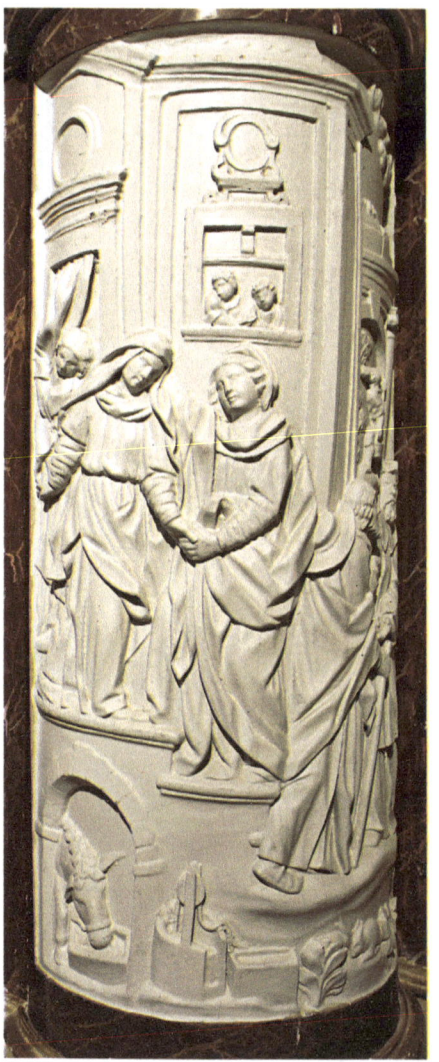

FIG. 112. **Francisco Moya, visitación de María a Isabel, retablo mayor de la iglesia de San Miguel, Teruel, ca. 1747-1750. Imagen: el autor, 2019.**

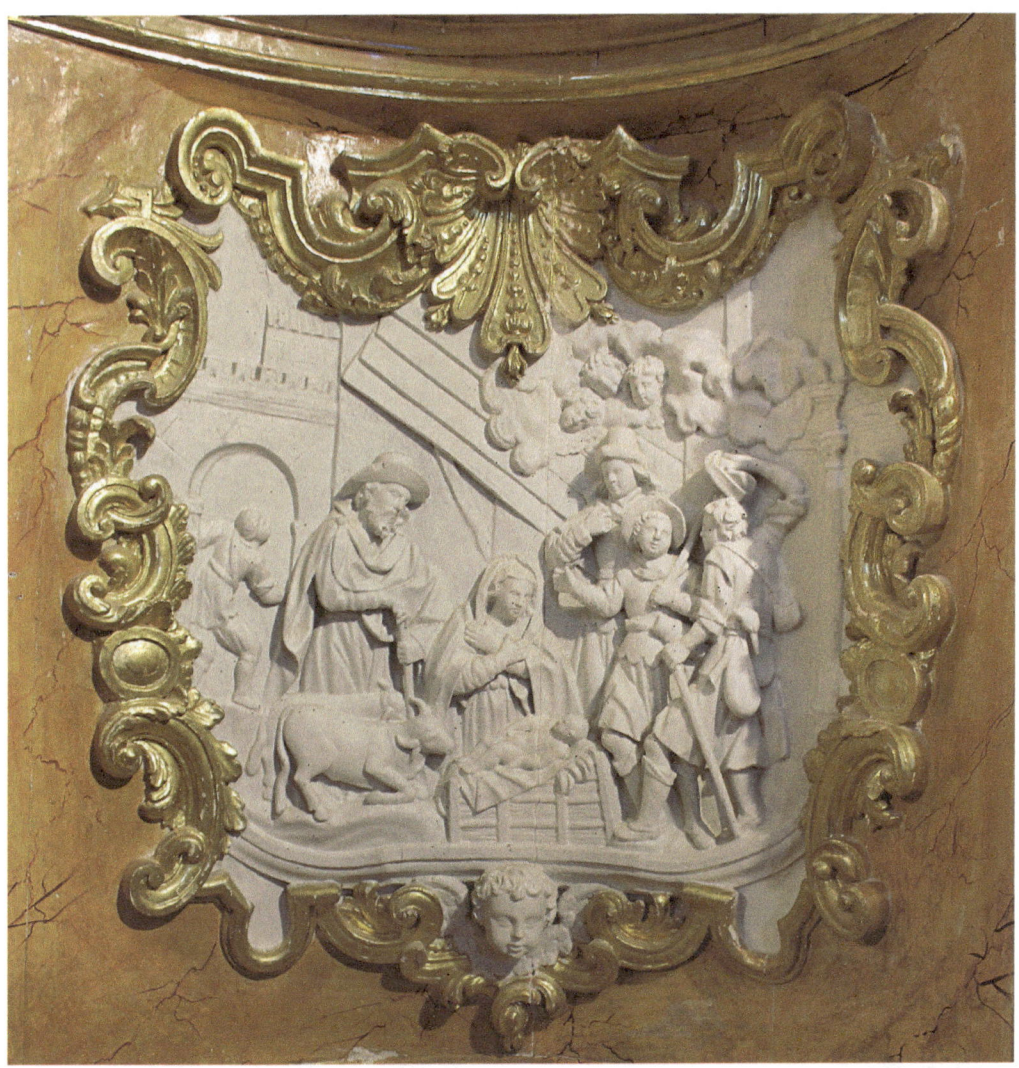

FIG. 113. **Francisco Moya, adoración de los pastores, retablo mayor de la iglesia de San Miguel, Teruel, ca. 1747-1750. Imagen: el autor, 2019.**

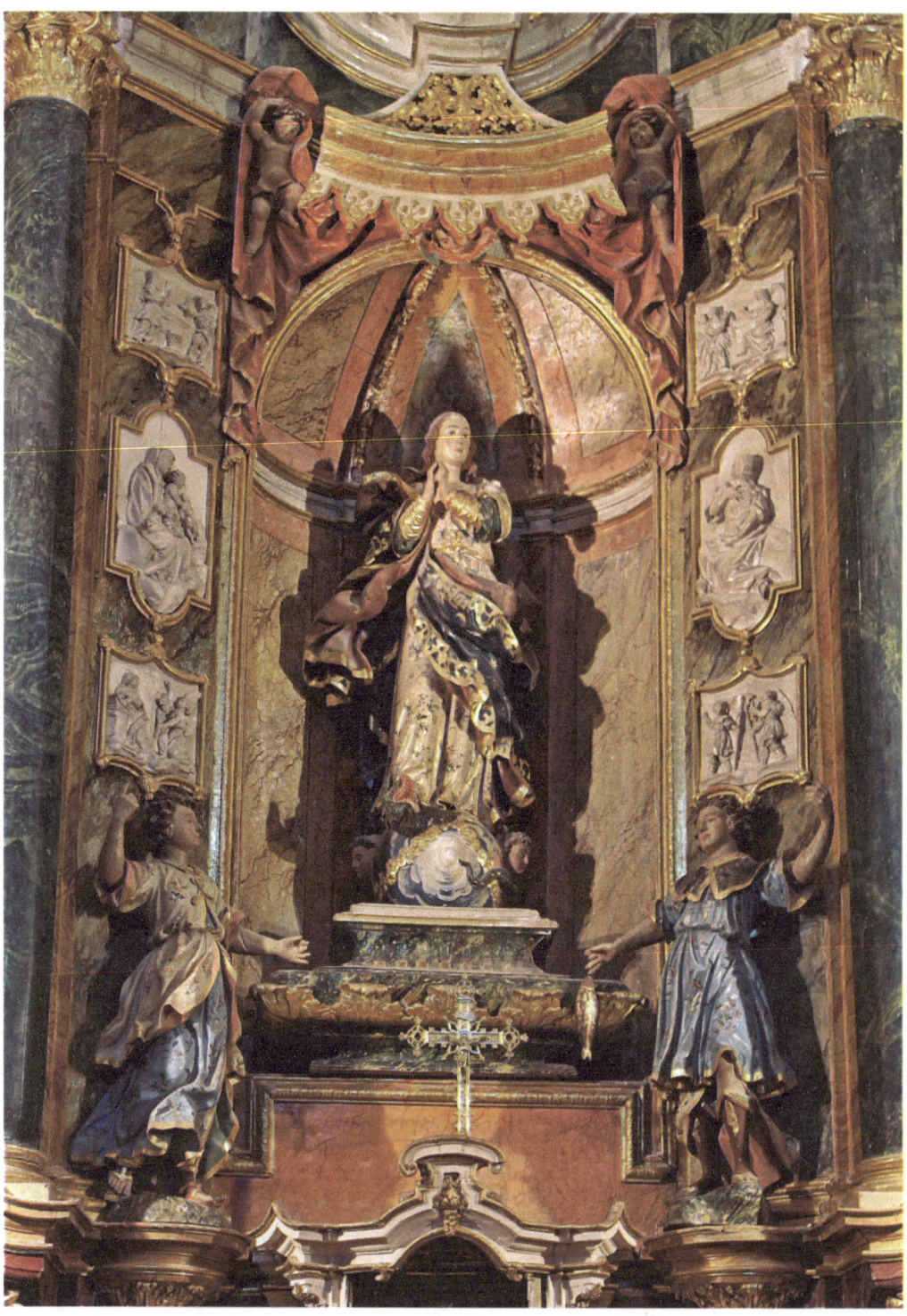

FIG. 114. **Francisco Moya, Inmaculada flanqueada por san Gabriel y san Rafael y las escenas del anuncio a san José; la Virgen con niño y un cordero; la anunciación a María (izquierda); las tres Marías en el sepulcro, María Magdalena y el apóstol Santiago guiado por un ángel (derecha), retablo mayor de la iglesia de San Miguel, Teruel, ca. 1747-1750. Imagen: el autor, 2019.**

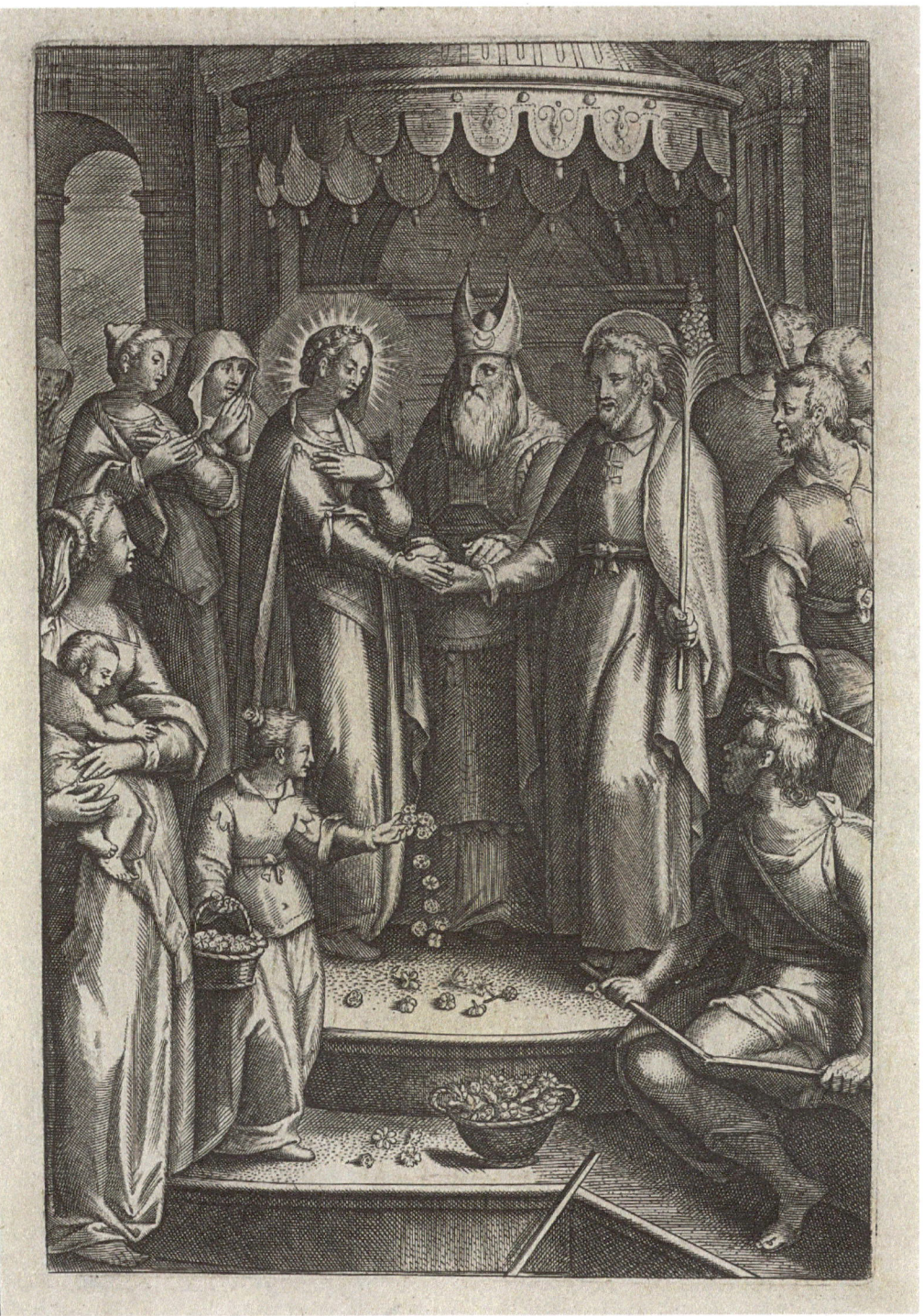

FIG. 115. **Jan van der Straet (diseño) y Karel van Mallery (grabado), desposorios de María, ca. 1590-1635. Ver fig. 111. Imagen: Biblioteca Nacional de España.**

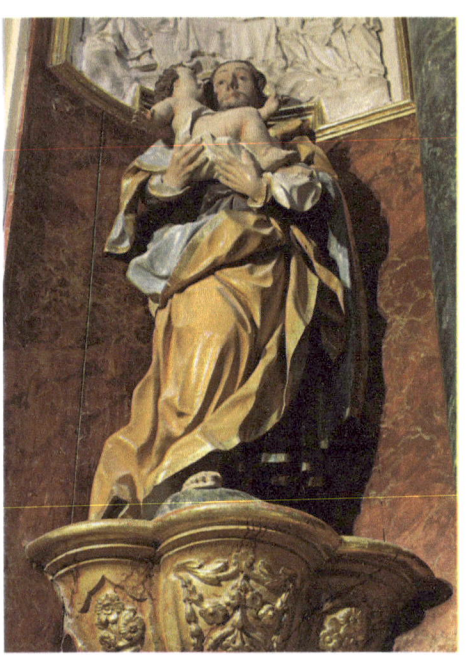

FIG. 116. **Francisco Moya, san José con el niño, retablo mayor de la iglesia de San Miguel, Teruel, ca. 1747-1750. Imagen: el autor, 2019.**

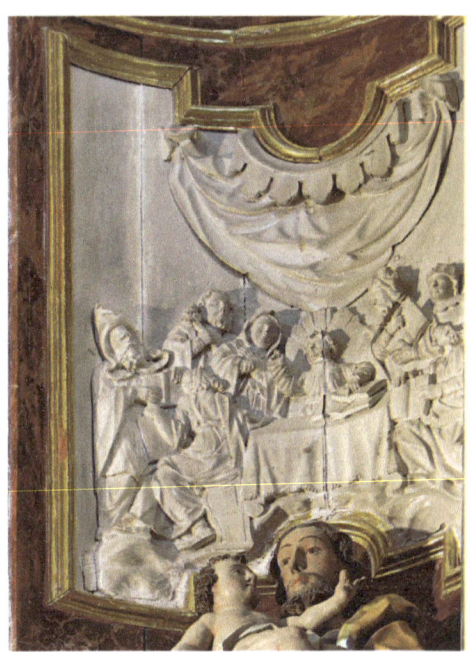

FIG. 117. **Francisco Moya, Jesús entre los doctores, retablo mayor de la iglesia de San Miguel, Teruel, ca. 1747-1750. Imagen: el autor, 2019.**

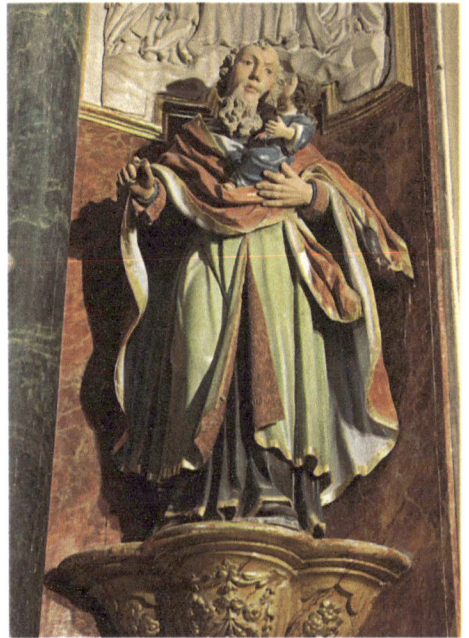

FIG. 118. **Francisco Moya, san Joaquín y la Virgen niña, retablo mayor de la iglesia de San Miguel, Teruel, ca. 1747-1750. Imagen: el autor, 2019.**

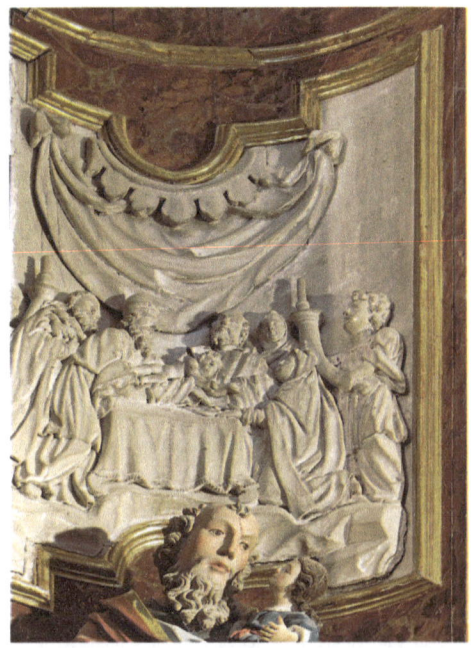

FIG. 119. **Francisco Moya, presentación de Jesús en el templo, retablo mayor de la iglesia de San Miguel, Teruel, ca. 1747-1750. Imagen: el autor, 2019.**

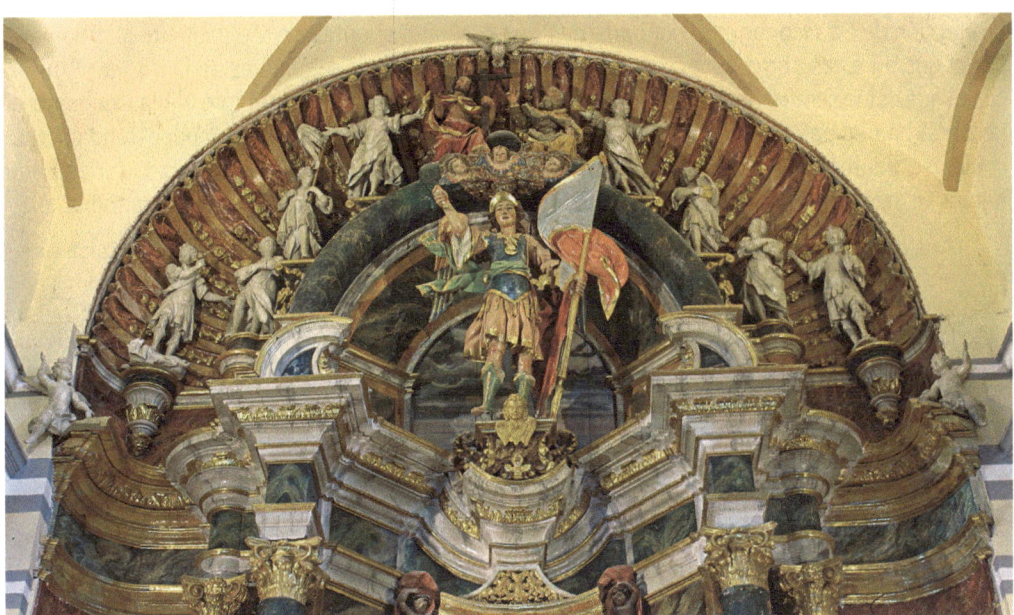

FIG. 120. **Francisco Moya, san Miguel arcángel; san Miguel arcángel luchando contra el demonio; Trinidad y los siete arcángeles, retablo mayor de la iglesia de San Miguel, Teruel, ca. 1747-1750. Imagen: el autor, 2019.**

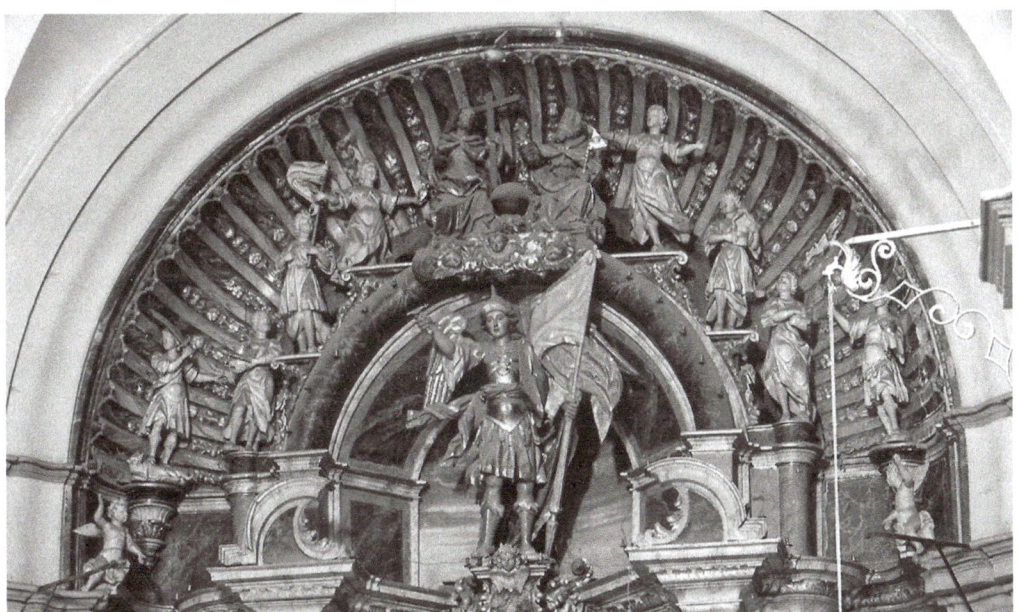

FIG. 121. **Francisco Moya, san Miguel arcángel luchando contra el demonio, retablo mayor de la iglesia de San Miguel, Teruel, ca. 1747-1750. Imagen: Institut Amatller d'Art Hispànic- Arxiu Mas, 1956, Gudiol-1332.**

La elección de esta iconografía por parte de Pérez de Prado se entiende rápidamente al observar el papel que en estas obras tienen los arcángeles, incondicionales seguidores de la Virgen[226], un rol con el que debía sentirse identificado y que casaba con la ideología que siempre había expresado en las obras bajo su patrocinio. En su pensamiento, los arcángeles desempeñan un papel fundamental, como vencedores del mal, siervos de María y como parte de una analogía de la Trinidad, idea, como hemos visto, también plasmada en el retablo que expresa en su libro de la siguiente manera:

> Assi, con hermosa analogia, y conformidad, ordenò, que á los tres passos de la caìda en la Culpa correspondiessen otros tres de la Reparación à la Gracia: El primero, la persuasion Angélica, que fue su principio: El segundo, la humillacion, y obediencia de la Virgen Maria, que fue la ultima disposicion: El tercero, la humildad, y obediencia de Jesus, que fue la consumacion del remedio. Que concurriessen tres Personas: El Archangel San Gabriel, habitador del Empyreo, que Evangeliza: Maria, Madre, y Princesa de la Gracia, que dispone: Christo-Jesus, Padre y Monarca supremo del Cielo, y la Tierra, que consuma. Que por esta Reparación se diessen al Hombre tres beneficios incomprehensibles: La restitucion de la Gracia, perdida para toda la Naturaleza: El derecho general de la Gloria, para quantos guardassen la Ley con el auxilio de la Gracia: Y fuerças sobrenaturales de ella, para vencer a la Sobervia, y Concupiscencia, y aun la misma muerte, por las prendas seguras de la Resurreccion à eterna vida[227].

Igualmente, pensaba que Dios comunicó a los ángeles su intención de convertirse en hombre en el momento de su creación «para hazer por este medio al Mundo criado obra digna de aquel Autor infinito»[228]. En ese instante, el demonio se reveló, pues deseó para sí mismo la unión de estas dos naturalezas, claves en el pensamiento trinitario. El arcángel san Miguel, reuniendo a otros compañeros, combatió a los rebeldes y precipitó a lucifer a los abismos[229].

Los atributos iconográficos de los Siete Ángeles, como describe Escardiel González Estévez, son los siguientes:

> Gabriel, con farol y espejo; Uriel, blandiendo espada; y Raphael, sosteniendo un tarro de ungüentos y a Tobías con el pez en su mano. Se disponen estos a la izquierda de San Miguel, que porta palma y estandarte, pisando al demonio. Al otro lado, Sealtiel, con las manos unidas en oración; Jehudiel porta corona y cetro y Barachiel, rosas en el manto[230].

En la obra de Moya algunos se repiten, pero otros son diferentes. Aparecen la corona, el estandarte, el bote de ungüentos, el cetro y una cesta, pero, además, encontramos el sagrado corazón de Jesús y el ojo de la providencia, este último como reiteración de la Trinidad.

Santiago Sebastián vio en este retablo un «ensalzamiento de la pureza de María». Remarcó la insistencia en las trilogías de personajes, para incidir en la imagen del Padre-Hijo-Espíritu Santo: «el triángulo angélico» compuesto por san Miguel, san Rafael y san Gabriel y «el triángulo de la Sagrada Familia» integrado por la Virgen, san José y san Joaquín[231].

226　Véase, por ejemplo, el capítulo XV del tratado del jesuita Andrés Serrano que lleva por título «Valimiento de los Siete Principes con María Santisima su Reyna», en A. Serrano, *Los Siete Príncipes de los Ángeles validos del Rey del Cielo. Misioneros, y protectores de la tierra, con la practica de su devocion*, Bruselas, Francisco Foppens, 1707, pp. 86-90.

227　F. Pérez de Prado, *Compendio de las...*, pp. 386-387.

228　*Ibidem*, p. 56.

229　*Ibidem*, pp. 56-57.

230　E. González Estévez, «De fervor regio...», p. 113.

231　S. Sebastián, *Iconografía e iconología...*, pp. 117-120.

Conclusión

Como hemos intentado desgranar a lo largo del texto, el primer aspecto que debemos tener presente es que un retablo en el siglo XVIII no era únicamente una pieza para la contemplación, sino que en él se solapaban muchos factores y condicionantes que determinaban su resultado final. Analizar la retablística turolense de esta centuria, por tanto, nos permite adentrarnos en cuestiones como la religiosidad o los actos protocolarios. También nos descubre aspectos socioeconómicos como el estado de riqueza de la diócesis de Teruel en este siglo, circunstancia favorable que propició la reforma de numerosos templos y la decoración de sus interiores.

Otra cuestión importante que no se debe perder de vista es que las piezas que hemos analizado no fueron ideadas por un único creador. En su concepción intervinieron muchos factores importantes para comprenderlas en su totalidad. El gremio estipulaba las condiciones en las que se desempeñaba el oficio, después el escultor con ayuda del taller –en el que las funciones eran dispares– estaba al cargo de la ejecución y, por último, el comitente actuaba como iconógrafo.

Las funciones de la corporación estuvieron perfectamente delimitadas en sus ordenanzas. Las rígidas estructuras y el complicado organigrama heredado de la Edad Media evidencian semejanzas con otras ciudades españolas. Sin embargo, desde 1752 se produjo un desfase entre el contexto turolense y el estatal, pues se fundó la Academia de Bellas Artes de San Fernando, que proclamaba la liberalidad de las artes. A esta reivindicación se oponían frontalmente las ordinaciones de las artesanías, que dejaban claro que en esta clase de labores intervenían procesos manuales. Las proclamas que se lanzaron desde Madrid –y más tarde desde Zaragoza y Valencia– no debieron calar en Teruel, pues el gremio se mantuvo vigente durante todo el siglo.

No podemos obviar que los programas iconográficos de este momento fueron muy ricos por la acción de mecenazgo de Francisco Pérez de Prado, quien utilizó las artes visuales para plasmar muchos de sus sentires devocionales. Sus ideas, aunque tuvieron la intencionalidad proclamada de difundir el triunfo del catolicismo frente al judaísmo, estuvieron en línea con otras coetáneas, como la potenciación del culto a Cristo y María en sus advocaciones más piadosas.

Su amor por la Virgen lo convirtió en el benefactor de las artes más activo que seguramente haya tenido Teruel en su historia. Gracias a él se fundaron y reformaron los ejemplares arquitectónicos y escultóricos más relevantes del momento: la iglesia de San Miguel, el desaparecido hospital de la Asunción o la grandiosa iglesia de los jesuitas, así como los altares que hemos comentado a lo largo de este libro. También donó la custodia mayor y caras ropas litúrgicas al tesoro catedralicio. Esto motivó, sin duda, un impulso de las artes a todos los niveles, hecho por el que no podemos obviar su relevancia e implicación.

En el caso de Francisco Moya, entendemos que despuntó entre sus contemporáneos por la dimensión de sus encargos y por su temprana autoconsciencia como artista, pero, pese a ello, la historiografía lo olvidó rápidamente. Primero, sus altares fueron despreciados por los autores dieciochescos y decimonónicos, como Antonio Ponz o José María Quadrado. Otros como Eugenio Llaguno, Juan Agustín Ceán Bermúdez o Domingo Gascón, este último ya a comienzos del siglo XX, incluso confundieron su nombre. Su figura fue recuperada a mediados del siglo pasado por Santiago Sebastián, que le atribuyó obras de relevancia hasta entonces anónimas. Sus libros y artículos fueron los primeros en los que se puso de manifiesto la riqueza temática del escultor, su capacidad para crear escenografías y la activa relación con Pérez de Prado. Así, con el paso de los años, se configuró un catálogo extenso que se ha ido ampliando gracias a las aportaciones de otros autores como César Tomás Laguía, Cristina Esteras o Ana María Gimeno.

Moya desempeñó una labor fundamental, sin la cual no es posible comprender la escultura turolense del siglo XVIII. En primer lugar, su producción es una muestra de la evolución general de los retablos en esta centuria, en la ciudad y en la provincia, aunque es retardataria en comparación con sus semejantes europeos. En el primer tercio del siglo todavía asistimos a la pervivencia de la mazonería de formas planas, herencia del Renacimiento, que en ocasiones se utilizaba para acoger escenas narrativas. Esta tipología convivió con nuevas formas plenamente barrocas que empezaron a despuntar entre las soluciones tradicionales. Por eso, la producción temprana de Moya en la iglesia de Alba todavía no presenta un desarrollo volumétrico pleno. Posteriormente, la curva y contracurva, más expresivas y teatrales, se impusieron al estatismo practicado en los años precedentes.

En su caso particular fueron decisivas tres obras para la catedral de Santa María de Mediavilla: el mueble de la Inmaculada Concepción, el nuevo ostensorio añadido al retablo de Gabriel Yoli y el armario para plata de la sacristía. Forman parte de la etapa de transición de su carrera, cuando se convirtió en el escultor de referencia de la ciudad que más tarde acapararía todos los grandes encargos. Igualmente, después de esta tríada incorporó las composiciones italianas aprendidas del tratado del jesuita Andrea Pozzo por su contacto con la Compañía. Es en los tres muebles titulares para las iglesias de San Juan, de San Miguel y de la Compañía de Jesús donde este avance formal quedó muy claro, tanto en la estructura como en sus figuras, antes más severas y menos expresivas. Además, como ocurría en otros países, incorporó mecanismos, efectos de luces y tramoyas que apoyaban estas cualidades y añadían espectacularidad a los conjuntos.

No obstante, aunque sí se produjo este cambio de mentalidad en el diseño de la mazonería, no se observa una evolución en la concepción de las escenas narrativas. Los relieves convivieron con las esculturas exentas toda su carrera, muchas veces complementados por exuberantes decoraciones florales y de rocalla. Este hecho permaneció inalterable hasta finales de siglo, cuando los templetes con imágenes de bulto redondo ganaron popularidad.

El impacto de Francisco Moya fue leve e inmediato en el tiempo. Como hemos visto, algunos maestros posiblemente se hicieron eco de sus novedades, por ejemplo Francisco Navarro en la parroquial de Calamocha. Otro caso es el retablo mayor de la iglesia del Salvador, ejecutado en la década de 1770. La organización y el formato del mueble, en líneas generales, parecen indicar que las soluciones del artista, entonces ya fallecido, seguían vigentes. Debido al cambio de paradigma artístico producido a finales de siglo, cuando se impuso el gusto neoclásico, su figura empezó a diluirse con rapidez.

No pretendemos que este estudio dé por concluidos los avances y el conocimiento de este escultor en el futuro. Todavía existen algunas incógnitas que esperan ser descifradas y que aquí hemos apuntado brevemente: su etapa de formación y su estancia en Madrid. Lo referente a la producción en la provincia de Teruel es hoy menos opaco, especialmente su relación con el obispo Pérez de Prado y los programas iconográficos que uno ideó y el otro ejecutó. No obstante, convendría encontrar nueva documentación que permitiese aclarar algunas atribuciones que actualmente suponemos correctas por las evidencias formales. Esto terminaría rellenando los huecos de una historia incompleta, de un capítulo del arte turolense que creemos muy necesario dignificar después de tantos años de silencio.

Agradecimientos

Este libro nace de una investigación tutelada por la doctora Rebeca Carretero Calvo que originalmente se presentó como Trabajo Fin de Máster para la titulación de Estudios Avanzados en Historia del Arte de la Universidad de Zaragoza durante el curso 2018-2019. Los ánimos de la directora y la obtención de la Mención de Excelencia de la Junta de la Facultad de Filosofía y Letras motivaron que se haya reconvertido en la publicación que el lector tiene entre sus manos.

Debo agradecer al profesor de la Universidad de Zaragoza y director de patrimonio de la Diócesis de Teruel-Albarracín, Pedro Luis Hernando, que me facilitase la consulta y reproducción de los fondos fotográficos diocesanos. Igualmente, al vicario general, Alfonso Belenguer, por atender mis peticiones y permitirme fotografiar el retablo mayor de la iglesia de San Andrés. También deseo expresar mi gratitud a los feligreses que me abrieron las puertas de las iglesias de sus pueblos y esperaron pacientemente a que tomase las fotografías que necesitaba, así como a mi padre Juan Calvo, que hizo de chófer cuando necesité desplazarme a los distintos municipios de la provincia. De la misma forma, quiero exponer mi afecto a las trabajadoras y trabajadores del Archivo Histórico Provincial de Teruel que me brindaron –y aún hoy me brindan– su tiempo y ayuda en la lenta y costosa tarea de la investigación. Asimismo, debo mencionar calurosamente al Archivo Mas de Barcelona, al Instituto de Estudios Turolenses y a Rafael Lapuente por prestarme algunas de las imágenes reproducidas a lo largo de este estudio. Por último, pero no menos importante, a los que me hicieron reflexionar sobre algunas cuestiones aquí plasmadas: Rebeca Carretero, supervisora de esta investigación, Marc Millan, compañero de vida y trabajo, y María Jesús Pérez, mentora y amiga.

e_librosdeteruel

TD-10